中国vs.世界

呑《の》まれる国、抗《あらが》う国

安田峰俊
Yasuda Minetoshi

PHP新書

はじめに

――中国の政治体制は強権的で、国民の人権を抑圧している。

――中国は覇権主義国家であり、世界の秩序を脅《おびや》かしている。

――中国共産党政権は本質的に「悪」だ。すくなくとも、うさんくさい存在だ。


何を言わずもがなのことを書いているのか。いぶかしがる読者もいるかもしれない。

ここ十年来の日本では、こうした認識が薄く広く共有されている。日常的に中国製アプリや中国メイクなどを受容している若い世代の場合はすこし違うようだが、すくなくとも大人の間では、さほどタカ派ではない人であっても、これが「常識」であると思われている。

しかし、世界的に見ると、こうした考えはつい最近まで限られたものだった。私たち日本人が中国に抱く警戒感や不信感は、世界基準では決して「常識」ではなかったのである。

これは数字からも明らかだ。たとえば、二〇一八年一〇月一日時点でアメリカのシンクタンク、ピュー・リサーチ・センターが発表した調査では、各国世論の対中感情の割合は、以下のようになっていた。「中国を好ましく見るか ⇕ 問題視するか」について、多いほうの数字を太字で示そう。

・日本　（一七％ ⇕ **七八％**）
・アメリカ　（三八％ ⇕ **四七％**）
・イギリス　（**四九％** ⇕ 三五％）
・ロシア　（**六五％** ⇕ 二一％）
・フィリピン　（**五三％** ⇕ 四三％）
・ナイジェリア　（**六一％** ⇕ 一七％）
・ブラジル　（**四九％** ⇕ 三三％）
・二五カ国平均　（**四五％** ⇕ 四三％）

(Pew Research Center, "Global views of China split, though pockets of favorability in some regions" 1Oct. 2018 https://www.pewresearch.org/global/2018/10/01/international-publics-divided-on-china/pg_2018-10-1_u-s-image_5-1/)

日本の対中国感情だけが突出して悪いことがわかるだろう。数年前まで、世界はむしろ中国に好意的だった。

ゆえに中国は、このような優しい世界のなかで勢力を伸ばしてきた。二〇一三年九月、国家主席に就任して半年目の習近平は、カザフスタンのナザルバエフ大学での講演でシルクロード経済ベルト構想を提唱。これはほどなく、海上などの東西交易経済圏の整備も含めた「一帯一路《イイダイイイルー》」構想に発展し、世界を覆っていくことになる。

この一帯一路は、「中国と欧州を結ぶ巨大な広域経済圏構想」で「インフラ投資などを通じて、新中国圏を広げる狙いがある」(『日本経済新聞』二〇一七年六月五日)。いまいちピンとこないが、これは日本の各メディアも同様であるらしく、調べてみると報道によって説明に微妙なブレがある。第三者には実にわかりにくい概念と言っていい。

実のところ、中国は一九九〇年代末から、資源の獲得や貿易摩擦の軽減などを目的に中国資本の海外進出を後押ししてきた(「走出去《ゾウチューチュイ》」政策)。一帯一路は、習近平の新政権のもとで走出去の現状を追認していっそう拡大させるにあたって、スケール感のある新しい名前がつけられたものだと理解するのが、いちばんわかりやすいかもしれない。

もっとも、強力な習近平政権のもとで景気のいい新政策が唱えられたことで、経済・政治・軍事の各方面で中国の海外進出は加速し、世界における中国のプレゼンスは大幅に上昇した。中国の有償資金援助を受けた発展途上国が、いわゆる「債務の罠」に陥《おちい》ったことも報じられているが、これらの当事者を含めて、多くの国で（日本人が想像するほどには）対中感情は悪化していない。

第三世界諸国を中心に、中国に強い好感を持つ国は少なからず存在した。大部分の先進国での評判も悪くなかった。中国を強く嫌っているのは、日本やベトナムなど、直接的な政治的摩擦や領土問題などを抱えるごく少数の国にとどまっていた。

——これが、おおむね二〇一八年ごろまでの世界の姿だった。

嫌中化する世界

世界が大きく変わりはじめたのはそれ以降だ。

二〇一八年から米中貿易摩擦が深刻化するなかでアメリカの対中警戒心が表面化し、ファーウェイなど中国系IT企業に対するパージがおこなわれた。また、新疆《しんきょう》ウイグル自治区の少数民族弾圧が深刻な人権問題として世界的に認識されはじめた。

そして、二〇一九年末にコロナ禍《か》が世界を大混乱に陥れたことで、西側先進国を中心にコロナ発生国である中国に対する不信感が決定的になった。初期対応の不透明性を非難した他国に対して、中国の外交官らが揃って乱暴で挑発的な対応（「戦狼外交《ヂャンランワイジャオ》」）を取ったこともいっそう評判を悪くした。

ピュー・リサーチ・センターが二〇二〇年一〇月六日に発表した調査（8ページ図表）からも、先進各国における対中好感度の暴落ぶりが見て取れる。なかでも二〇一八年ごろまでは中国に好意的な世論が多数派を占めていたカナダやオーストラリア、イギリスやオランダなどで、二〇二〇年には世論の七～八割が中国を嫌うようになったのは衝撃的だ。

こちらのデータでは発表されなかったが、発展途上国では対中感情がそこまで悪化していない国も多い。ただ、二〇二〇年四月に広東省広州市でアフリカ系住民を対象に無差別的なPCR検査と隔離がおこなわれた際は、アフリカ二〇カ国から中国を非難する共同声明が出された（第二章参照）。先進諸国とは異なり黒人差別問題が直接の原因だったものの、やはりコロナの影響でアフリカにおける中国の評判は傷ついた。

いっぽう、日本の場合は反日デモや尖閣問題などの政治的・地理的な要因や、排外主義的な主張が商業的に成功をおさめていることなどの複数の事情ゆえに、二〇〇五年前後から一貫して対中感情が悪い。世界の中国を見る目は、米中貿易摩擦とコロナ禍によって、良くも悪くも日本の対中認識に近づいてきたという見方もできる。

主要先進諸国における対中感情の推移

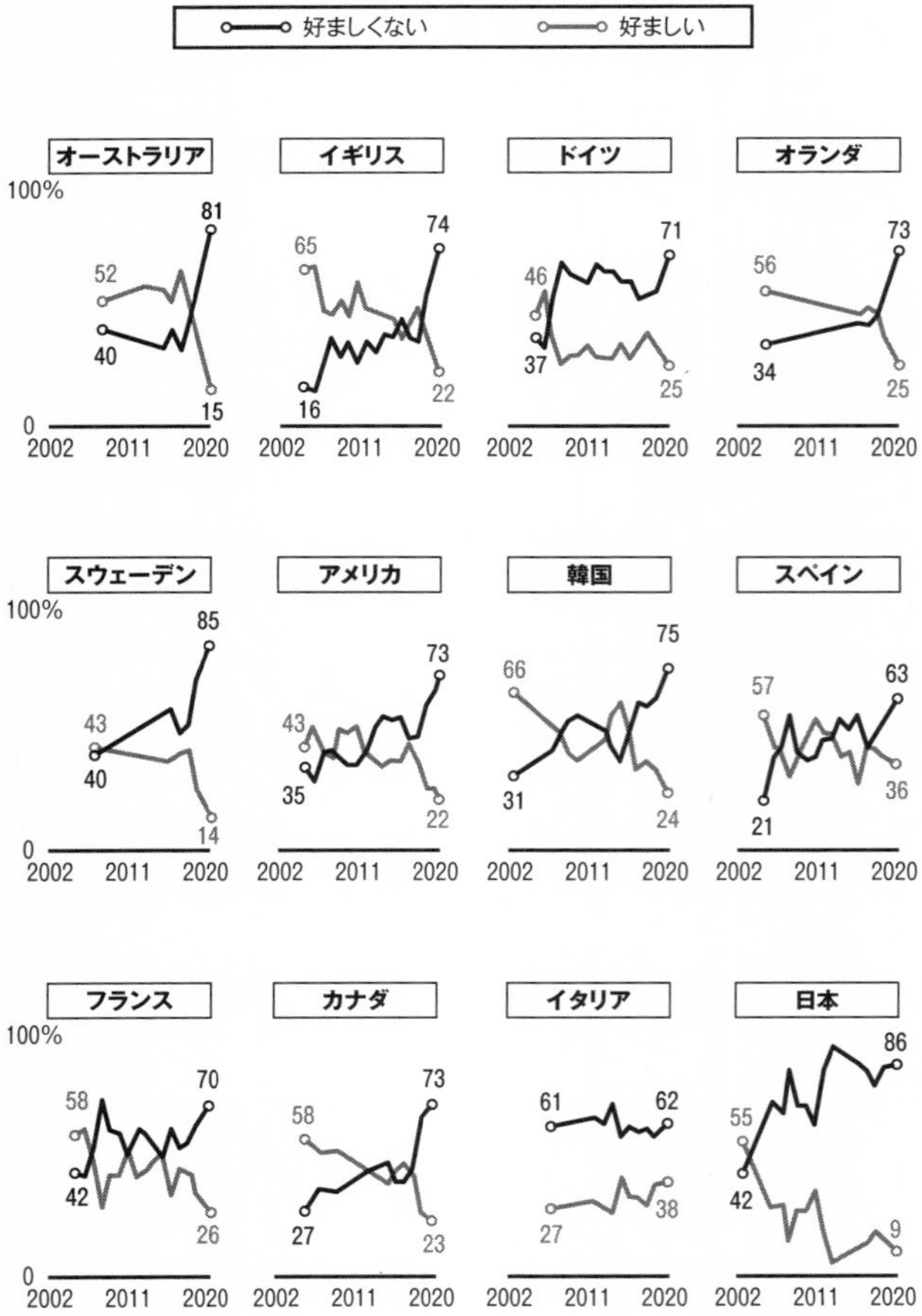

出所：Pew Research Center, "Global views of China split, though pockets of favorability in some regions" 1Oct. 2018

ここ十年の世界各国と中国との関係は、おおまかに言えばこのようなものだった。

外から見えてくる中国の姿

ただし、これらはあくまでも全体の傾向だ。

世界には約一九〇カ国以上の国家があり、それぞれの立場で中国と付き合っている。中国の豊かさに惹かれる国、自国に大量の華人を抱える国、中国を国家承認していない国、中国と接近したい意向があるもののなんらかの問題がネックとなっている国、中国を信じて裏切られた国、中国の工作対象とされている国……と、彼らの姿はまさに千差万別だ。

そのことに興味を覚えた私は、月刊誌『Ｖｏｉｃｅ』誌上において、二〇二〇年四月号から二〇二一年三月号まで、『中国vs.世界』と題した連載を寄稿した。本書はこの連載を大幅に加筆修正したものである。

私は各国と中国の関係を取り上げるなかで、既存の報道でも紹介されているような、アメリカや韓国などの有名どころの国は可能な限り避けた。かわりに選んだ国の多くは、ナイジェリア、カザフスタン、セルビア、スリナムなどのマイナーな面々だ。しかし、日本との縁が薄い国も多いのだが、いずれも中国の視点から見るとまったく異なる顔を持っている。

各国と中国の関係は、一帯一路や米中対立やコロナ禍といった世界規模のトレンドにどう対応し、どう変わったのか。異なる視点を持つ個別の事例を大量に積み重ねることで、外から見えてくる中国の姿とはどんなものなのか。

中国の視点から世界を眺め、また各国の視点から中国を眺めなおしてみるのが、本書の試みである。

第一章

VS.イスラエル

第二章

VS.ナイジェリア

差別と利権と「中国人酋長」

column 1

アフリカ人学長、中国の第三世界外交と天安門事件を語る

対談　ウスビ・サコ（京都精華大学学長）

第三章

VS.カザフスタン

「一帯一路のスタート地点」が直面する新疆問題

第四章

VS.エチオピア

第五章

VS.オーストラリア

column 2

スパイ養成機関？　孔子学院をスパイする

第六章

VS.セントビンセント及びグレナディーン諸島

「市議会」レベルの国会をめぐる中台対立

第七章 VS. セルビア

第八章 VS. カナダ

column 3

なぜ「人権大国」ドイツは中国を強く非難しなかったのか

対談　マライ・メントライン（「職業はドイツ人」コラムニスト）

第九章

VS.パキスタン

カシミールと核開発で結ばれる「鉄桿朋友」

※各国の面積と人口は、外務省ホームページの記述を引用しました(一部改変)。

第一章

VS.イスラエル

サイバー外交に水を差す「開封のユダヤ人」問題

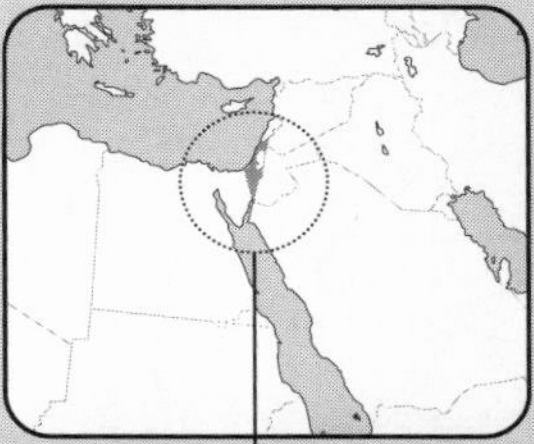

面積：2.2万平方キロメートル（日本の四国程度）
人口：約923万人（2020年7月　イスラエル中央統計局）

関連年表

11世紀ごろ	一部のユダヤ人が中国に定住しはじめる
17世紀初め	マテオ・リッチ、「開封のユダヤ人」についての記録を残す
1948年	イスラエル建国
2005年	シオニストの財団組織「シャーベイ」のリーダー、ミハエル・フロイントが訪中。その後の活動により「開封のユダヤ人」のアイデンティティを復活させる
2013年	ネタニヤフ首相が訪中し習近平と会談。中国とイスラエルが接近するきっかけとなる
2014年	開封市内のユダヤ人コミュニティセンターに対して閉鎖命令が出される
2018年	中国国家副主席の王岐山が貿易代表団を率いてエルサレムを訪問

イスラエル国防軍に入隊した中国系男性

二〇一四年十二月十五日、イスラエルの日刊紙『タイムズ・オブ・イスラエル』のウェブ版に興味深いニュースが掲載された。二人の中国系男性がイスラエル国防軍の徴兵に応じ、兵士受付所があるエルサレムの弾薬の丘（第三次中東戦争の激戦地）にやってきたというのだ。彼らはいずれも、最精鋭部隊であるゴラニ歩兵旅団への参加を希望していた。

二人はそれぞれ、ギデオン・ファンとヨナタン・シュエという、中国姓にヘブライ語の名前を名乗った。もっとも写真を見る限り、彼らはともに黒い髪で、典型的な東アジア系の顔つきだ。丸刈りにジャージというファッションも含めて、どう見ても普通の中国人の若者である。

しかし、彼らはいずれも二〇〇九年に中国河南省開封《かいほう》市からアリヤー（イスラエルの地への帰還）を果たした「ユダヤ人」であった。

「過去二年間、イェシーバー（ユダヤ教の聖典タルムードを学ぶ教育機関）で勉強していました。校内には世界各国から来た学生がいて、そこでヘブライ語と英語を学んだんです」

流暢《りゅうちょう》な英語で『タイムズ・オブ・イスラエル』の取材に答えたギデオンは、報道時点で二十代なかばだ。通常、イスラエルでは高校卒業直後の十八歳から二年八カ月の徴兵が課せられるため（男性の場合）、移民の徴兵志願者である彼らは他の兵士よりもかなり年上だった。

ゆえにイスラエル軍当局は従軍には及ばないと伝えたそうだが、彼らは兵役を熱望した。ギデオンは取材にこう話している。

「軍からいかなる部署を任されても喜んでやるつもりです。兵士としての経験が自分をよりイスラエル社会に溶け込みやすくしてくれると思うんです」

この原稿の執筆にあたって複数のSNSを検索したところ、なんとギデオン本人のフェイスブックページを見つけた。残念ながらインタビュー取材には応じてもらえなかったが、メッセージを何通かやり取りするなかで、報道の内容が事実だという確認はできた。彼は二〇〇九年に広東省深圳《しんせん》市での仕事をやめてイスラエルに移住。『タイムズ・オブ・イスラエル』の報道の後は無事に兵役をつとめあげ、二〇一六年からはテルアビブ市内で民間人として働いているそうだ。

また、ギデオンのフェイスブックページのコメント欄には彼の同胞らしき人たち——すなわち、同じようにヘブライ名を持つ中国姓のイスラエル市民たちが、中国語で書き込みをお

「アリヤー」を果たして嘆きの壁の前で記念写真を撮る開封出身の中国系ユダヤ教徒の女性たち。2016年2月29日付け『JewishStandard』記事より（https://jewishstandard.timesofisrael.com/watch-chinese-jews-move-to-israel/）

こなっている様子も確認できた。

他にもイスラエルに移住した中国系ユダヤ人たちのニュースは、ときおり報じられている。たとえば二〇一六年二月には、開封市から女性五人が移住し、エルサレムの嘆《なげ》きの壁で祈りを捧げたときの様子が写真付きで伝えられている。

ユダヤ人の「約束の地」であるイスラエルは本来、外国人移民の受け入れに消極的である。だが、その人物が「ユダヤ人」でさえあれば、たとえヘブライ語が話せなかったり過去にイスラエルへの訪問歴がなかったりしても、アリヤーの権利が認められる。

彼らは「帰還者」と呼ばれ、免税・減税などの優遇措置に加えて、半年間無料でヘブライ語習得のための集中セミナーを受けられるなど、イスラエルへの定住にあたって至れり尽くせりのサポートを受けられる。こうして世界各国からやってくる「ユダヤ人」のなかには、アラブ系やエチオピア系など、外見のうえでは非欧米的な容貌を持つ人も多数含まれる。

中国系ユダヤ人も、こうした非欧米系の人たちだ。現在、イスラエルに「帰還」する彼らのほぼ全員が、かつて北宋王朝の首都が置かれたこともある華北の都市、河南省開封市の出身者である。彼らは「開封のユダヤ人」と呼ばれる氏族の末裔《まつえい》であると見なされ、本人たちもそう信じているのだ。

中国史のなかのユダヤ人

中国では前近代からシルクロード貿易や海上貿易が盛んであり、アラブ人やペルシア人などに混じって、ユダヤ人商人の来航がみられた。こうしたユダヤ人の一部が中国に定住しはじめたのは、おそらく十一世紀ごろからだ。

現在は開封市博物館に保存されている明《みん》の弘治《こうち》二年（一四八九年）の石碑『重建清真寺記』の碑文によると、北宋の皇帝（第三代の真宗《しんそう》に比定する研究者が多い）が、天竺《てんじく》からやってき

開封にあったシナゴーグの復元模型
（2016年2月、テルアビブのディアスポラ博物館で著者撮影）

たというユダヤ系の七〇氏族に対して「我《わ》が中夏《ちゅうか》に帰《き》して、祖風《そふう》を遵《したが》い守り、汴梁《べんりょう》に留《とど》まり遺《のこ》れ」（わが中華に帰属して祖先の風をよく守り、開封に留まるようにせよ）と指示した――。つまり、ユダヤ人たちが彼らの信仰習俗を守って開封付近に居住することを許可したと伝わっている。

これが「開封のユダヤ人」のコミュニティが生まれたきっかけだ。なお、開封にシナゴーグ（ユダヤ教の礼拝施設）が作られたのは、南宋の隆興元年（一一六三年）である。

十七世紀はじめの明の時代にも、「チーナ（中国）」を訪れたイエズス会宣教師のマテオ・リッチが北京市内において、開封出身の艾田《がいでん》と名乗る中国系ユダヤ人に出会っている（『中国キリスト教布教史』。なお、艾田の姓は「ンガイ」と発音したようだ）。

リッチによれば、当時の彼らにはこんな特徴があった。
・開封に住んで五百～六百年経ったとする言い伝えがあり、戸数は一〇～一二世帯。
・シナゴーグを持ち、ヘブライ語の古い『旧約聖書』を受け継いでいた。
・偶像崇拝の忌避《きひ》、幼児の割礼《かつれい》、豚肉を食べないなどユダヤ教の戒律《かいりつ》を保持していた。
・自分たちのことは「ジュデーア（ユダヤ）」ではなく「イズラエーレ（イスラエル）」と呼んでいた。

当時の開封のユダヤ人は数千人ほどおり、艾田本人を含めて科挙《かきょ》（中国王朝の官吏登用試験）の合格者を何人も出すなど、中国社会に適応しつつある集団になっていた。『旧約聖書』で用いられるヘブライ文字についても、開封のコミュニティには読める人たちがいるとはいえ、中国的な教育を受けた艾田は、もはや読めなくなっていた。

もっとも、リッチによれば艾田の外見は「その鼻といい、目といい、顔つき全体といい、チーナ人とはまったく異なっていた」そうであり、宋代の定住化から五百年以上を経ても、彼らの身体形質は周囲の漢人（漢民族）に同化されていなかった。

また、明代後期の時点では開封のみならず、かつて南宋の都があった浙江省の杭州にもシナゴーグを備える大規模なコミュニティが存在した。さらに寧夏《ねいか》、寧波《ニンポー》、揚州《ようしゅう》などにもユダヤ人の集団がいた模様だ。

歴史の闇に消えた民族

次の清《しん》代の記録も残っている。

この時代になると、中国各地の土着のユダヤ人コミュニティはほとんど消滅してしまい、開封だけが残される状態となっていた。当時の社会風俗を伝える史料『清稗類鈔《しんはいるいしょう》』によれば、開封一帯においてユダヤ教は「青回回教《チンフイフイジャオ》」と呼ばれ、回教（イスラム教）の一種だとみなされていたらしい。もっとも当事者たちは「青回回教」がイスラム教だとは考えておらず、『清稗類鈔』にも「其人本猶太種」（この人たちはもともとユダヤ人なのだ）という記述がある。

当時の開封のユダヤ人コミュニティでは、趙氏・金氏・艾氏といった六姓七家の一族が独自の信仰を守り、通婚も仲間同士の家とだけでおこなっていた（この艾氏は、明代にリッチが出会った艾田の親族だろう）。彼らは鼻が高く彫りの深い顔立ちで、コーカサス人種を思わせる外見だったそうだ。

しかし、やがて十九世紀に入ると戦乱と洪水によってシナゴーグが壊滅したまま再建がなされず、ヘブライ語がわかるラビ（聖職者）もいなくなってしまい、「青回回教」の信仰はすたれた。二〇世紀に入ったころには、豚肉を食べず偶像崇拝をおこなわない以外は、彼らは言語・文化・外見の各方面で他の中国人とほとんど区別がつかなくなってしまった。

やがて中華人民共和国の成立後、彼らの末裔は少数民族の「猶太族《ヨウタイズウ》」を名乗り、一九五二年十月一日の国慶節《こつけいせつ》に北京で開かれた式典に代表者二人を送り込むのだが、当局は最終的に彼らを自国の少数民族としては認めなかった。

結果、「猶太族」の大部分は「漢族（漢民族）」か「回族（イスラム教徒の少数民族）」に編入される。開封のユダヤ人たちは従来にもまして漢民族や回族に同化され、さらに社会主義革命や文化大革命の影響を受けたことで、豚肉食をタブー視するなどの固有の習慣すらもほとんど失った。

一九八〇年代後半になっても、一〇〇〜二〇〇人ほどの住民は自分たちの先祖がユダヤ人だったという自己認識をかろうじて残していたという。だが、開封のユダヤ人のコミュニティはほぼ消滅していた。定住がはじまった北宋時代から八百年近くを経て、彼らはついに中華の大地に飲み込まれ、「普通の中国人」に変わってしまったのである。

※ちなみに、中国がアヘン戦争に敗北した十九世紀なかば以降、上海や香港などの租界・植民地を中心に西洋人の居住地が生まれ、そのなかにはユダヤ人もすくなからず含まれていた。また、二〇世紀前半にはポグロム（ロシア圏でのユダヤ人迫害）やホロコーストを逃れて難民化した大量のユダヤ人たちが中国を目指し、特にナチスの絶頂期である一九三七〜一九四〇年には二万人のユダヤ人難民が上海に上陸したという。もっとも第二次大戦後、こうした欧米系や中東系のユダヤ人は中国の社会主義化やイスラエルの建国によって中国を離れ、中国国内のユダヤ人コミュニティは、イギリス領の香港を除き一九五〇年代までに、ほぼ消滅した。

シオニズム団体、中国へ

しかし、それならば本章の冒頭に登場したギデオンのような、イスラエルに「帰還」して軍隊に入るほどユダヤ人としてのアイデンティティを強く持つ開封出身者たちは、いったい何者なのだろうか？

背景はちょっと複雑だ。実はギデオンのような「開封のユダヤ人」たちは、今世紀に入ってからかなり無理矢理に復活させられた存在だろうと思われるのである。

その仕掛け人になったのが、エルサレムに本拠を置くシオニストの財団組織「シャーベイ・イスラエル」（以下、シャーベイ）のリーダーを務めているミハエル・フロイントという人物である。彼はニューヨーク出身のユダヤ人で、シャーベイの組織も主に在米ユダヤ人社会の支援によって運営されている。

ヘブライ語で「シャーベイ」は帰還を意味する。すなわち、世界中から「ユダヤ人の子孫」を探し出してユダヤ教の教義やヘブライ語の「再教育」を施《ほどこ》し、イスラエルへの移住を推進しようとしている団体なのだ。

イスラエルは事実上のユダヤ人国家だが、実は約九〇〇万人の人口のうちおよそ二〇％は、ユダヤ教を信仰していないアラブ系住民である。従来、イスラエルの保守派はアラブ系住民の人口増加率がユダヤ系住民を上回っていると主張し、ユダヤ系とアラブ系の人口比の逆転への懸念を主張してきた。

シャーベイを含めた複数のシオニズム団体は、こうした人口逆転に歯止めをかける目的もあって、ユダヤ人の数を増やすべく「帰還」支援をおこなっている。

最初はインド北東部のブネイ・メナシェという少数民族がイスラエルの失われた氏族の子

孫であるとして、彼らの「帰還」を支援していたが、民族問題に敏感なインド政府の抗議を受けたり、ブネイ・メナシェのＤＮＡに中東由来の要素がみられないことが指摘されたりして下火になる。

結果、かわりに注目されたのが、中国史のなかに埋もれかけていた「開封のユダヤ人」だった。

かつて中国にユダヤ人がいたことを知ったフロイントが開封を訪問したのは、二〇〇五年だ。彼は現地に数百冊の宗教書を送り、住民を集めて「ユダヤ人の約束の地」を目指す意義を熱弁。一度は滅びたはずの「開封のユダヤ人」のアイデンティティを現代に復活させることに成功した。

アメリカのユダヤ系新聞〝JPUpdates〟が二〇一六年二月に報じたところでは、いまや開封には「約一〇〇〇人」のユダヤ人の子孫が存在しているという。彼らの全員が本当に、往年の「開封のユダヤ人」の子孫なのかは定かではないが、現地では民家の壁にダビデの星が描かれ、毎年春にはモーセの出エジプトを祝うユダヤ人の年間行事・過越祭《すぎこし》（ペサハ）が祝われるようになった。

街にはシャーベイが設立したユダヤ教学習センターが開校し、さらに民営のシナゴーグや開封ユダヤ人博物館も作られた。二〇一五年ごろまでは、ユダヤ行事に地方政府関係者や地元の中国共産党員が参加するなど、現地政府からもおおむね好意的に受け入れられていた。

シャーベイの援助によってイスラエルに「帰還」していった開封出身の元中国人も、一〇〇人以上に及んだとみられている（なお、フロイントの訪問以前の一九九〇年代末から、事例はかなり少ないものの開封出身者のイスラエル移住はおこなわれていた）。

中国のユダヤ人、迫害される

ところが近年、こうした「開封のユダヤ人」たちは苦しい状況に置かれている。そもそも、外国（イスラエル）の民間団体が中国国内に入り込み、住民に宗教（ユダヤ教）を布教する行為は、統治体制が弛緩《しかん》していた胡錦濤政権時代（二〇〇三〜二〇一三年）だからこそできた部分が大きかったのだ。

しかし、現在の習近平政権は二〇一四年十一月に反スパイ法を施行、二〇一七年一月には中国国内での海外NGOの活動を大幅に制限する「境外非政府組織境内活動管理法」を施行するなど、中国社会に対する海外の宗教や民間組織の浸透を強く嫌っている。

中国がこうした「境外組織《ジンワイズウヅィ》」（国外の組織）の活動を警戒する理由は、西側諸国による中国国内の民主化勢力に対する支援や、中国国民に対する中国共産党の公式見解とは異なる思想の宣伝、もしくは中東の過激なイスラム主義者からのテロリズムの流入などを懸念しているためだ。なかでも習政権下では、政府の公認を受けないキリスト教教会への強力な弾圧が進められており、海外のキリスト教系のNGOはたとえ布教活動をおこなわなくても中国から締め出されるようになっている。

ゆえに、シオニズム団体シャーベイの活動や、「開封のユダヤ人」たちの信仰や文化活動も、習政権の時代になると制限を受けるようになった。たとえば東洋史学者の久保田和男（長野工業高等専門学校教授）が二〇一五年八月に「開封のユダヤ人」のコミュニティを訪問したときの報告によれば、数年前の胡政権時代までは自由に観覧できた開封市博物館のユダヤ人関連展示コーナーが閉鎖されており、地元の人々はユダヤ人の話題について、政治的に「敏感《ミンガン》」な問題であるとして忌避する様子だったという（久保田和男「開封の歴史と猶太人（ユダヤ人）」）。

また、二〇二〇年三月八日付けの香港紙『サウスチャイナ・モーニング・ポスト（SCMP）』の特集記事によれば、開封の公安当局ははやくも二〇一四年の時点で、シャーベイに対して市内のユダヤ人コミュニティセンターの閉鎖を命令していたとされる。

「私たちの活動は、規制がおだやかな時期に始められたものだった。しかし、習近平主席は宗教への取り締まりを強化するようになった」

アメリカが設立した中国・ユダヤ協会のアンソン・レイトナー会長は、SCMP紙の取材にこう答えている。ちなみに同協会も、二〇一五年に開封からの撤退を余儀なくされた。

「開封のユダヤ人の子孫は『許可されていない宗教活動』としての取り締まりを受けている。シャーベイの学校は閉鎖され、教師（アメリカ籍の中国系ユダヤ人）は追放された。博物館の展示は閉鎖され、歴史的なマークも取り払われてしまった」

ここでいう「博物館の展示」は、先の久保田の論文で紹介されていた開封市博物館のユダヤ人関連展示コーナーのことだろう。ほかにも開封では、国外のユダヤ人からの訪問の制限、ユダヤ教徒住民に対する公安の監視や尋問もおこなわれている模様である。

中国では政府による民族識別工作を通じて、五五の少数民族の存在が公認されている。だが、すでに書いたように「開封のユダヤ人」たちはこのなかに含まれていない。また、他の伝統宗教である仏教・道教・キリスト教・イスラム教の全国団体が中国共産党の管理監督下に組み込まれている（＝ある意味では「保護」されている）のに対して、ユダヤ教は公認された組織を持たず、党による支配が事実上及んでいない。これは中国において、政治面で非常に不安定な立場であることを意味する。

〝悲しむべきことに、丁寧に手入れされた開封のちいさなユダヤ人センターは、お目こぼしをされることがなかった。政府の職員たちは襲撃にあたり、廊下（の壁）から金属のダビデの星を引き裂いて床に投げた。彼らは壁からヘブライ語の『旧約聖書』の引用句を消し去った。彼らはミクヴェ（沐浴場《もくよく》）のために使われていた井戸を土と石で埋めてしまった。そして、開封のユダヤ人を支援するための、海外からのあらゆる計画は、すべて白紙に戻されてしまった〟

(Lela Gilbert "Tiny Kaifeng Jewish community faces Orwellian future" 15 Feb. 2019 https://www.jpost.com/opinion/tiny-kaifeng-jewish-community-faces-orwellian-future-580739)

イスラエル最大の英字紙『エルサレム・ポスト』は、現在の中国におけるユダヤ人迫害の様子をこう報じている。往年のポグロムやホロコーストを連想させる筆致《ひっち》と言っていい。シオニストの意思によってなかば人為的に復活がなされた「開封のユダヤ人」が、中国共産党のもとで再び滅ぼされつつある構図は、まさに現代の悲喜劇と呼ぶしかない。

両国の蜜月関係に刺さる棘

中国とイスラエルは、いずれも最近一〇年間の世界において、デジタル・イノベーションの風潮に最も上手く乗ることができた国家である。

近年の中国社会のスマート化の進展と中国IT企業の躍進は日本でもよく知られているが、いっぽうでイスラエルも「中東のシリコンバレー」の異名を持つサイバー国家だ。NASDAQ上場企業数が（本国のアメリカを除いて）世界一位で、国民一人あたりのエンジニア数やベンチャーキャピタル投資額も世界最高というスタートアップ大国としても名を馳《は》せている。

もっとも、イスラエルは国内市場が小さいため、これまではいったん軌道に乗せたベンチャー企業や技術を海外（アメリカ）に売却することで稼いでいくビジネスモデルが取られてきた。また対中関係については、かつて中国が反西側・反植民地主義を掲げてパレスチナやアラブ諸国と歴史的に深い関係を築いていたことで、近年まで基本的には疎遠《そえん》だった――正確には、冷戦体制のもとでもイスラエルによる対中武器輸出は水面下でかなり活発におこなわれていた模様だが、その関係は表立ったものではなかった。

だが、二〇一三年のネタニヤフ首相の訪中と習近平との会談を境に両国関係は急転回し、イスラエルのスタートアップの提携先に中国が選ばれるケースが大幅に増えはじめた。

軍事技術の流出を懸念した同盟国アメリカの圧力を受けたことで、イスラエルの中国への接近は二〇一九年にやや落ち着きを見せたが、アリババやファーウェイ、シャオミなどの中国の大手IT企業はこぞってイスラエルにR&D拠点を置き、積極的に先端技術の吸収に動いている。

柔軟な発想力による先端技術を持つが市場は小さいイスラエルと、貪欲に技術を吸収するニーズと資金力・巨大市場を擁《よう》している中国の二国間関係は、互いに足りない部分を補える点でかなり相性がいい（しかも、地理的に遠方であるため、両国ともに軍事大国であるにもかかわらず安全保障上の脅威は限定的だ）。たとえアメリカが良い顔をしなかったとしても、両国の接近は今後も続いていくだろう。

「中国とイスラエルの関係は、相互の尊敬、共有する過去、そして有望な未来に基づいた素晴らしいものです。両国国民の友情は、十世紀の開封のユダヤ人コミュニティから始まったものですからね」

二〇一八年十月二十三日、貿易代表団を率いてエルサレムを訪問した中国国家副主席の王岐山に対して、イスラエル大統領のルーベン・リヴリンはこんな言葉で応じた。

経済関係の強化が著《いちじる》しい中国との友好関係を強調する文脈のなかで、あえて開封問題を持ち出して釘を刺してみせたあたりは、さすがに一筋縄ではいかないイスラエル外交だ。

もっとも、開封問題は現在の中国共産党にとって最大のアキレス腱である民族・宗教政策にダイレクトに関係している。すくなくとも習政権が継続する限り、中国当局が今後に柔軟な対応を取ることはほとんど望めない。しかしイスラエル側としても、過去のユダヤ人迫害を彷彿《ほうふつ》とさせる中国国内の「同胞」たちの苦難は、決して座視できるものではない。

二十一世紀になってから蘇った古き氏族の末裔たちは、蜜月関係にある中国とイスラエルの両国間に刺さる意外な棘となるかもしれない。

第二章

VS.ナイジェリア

差別と利権と「中国人酋長」

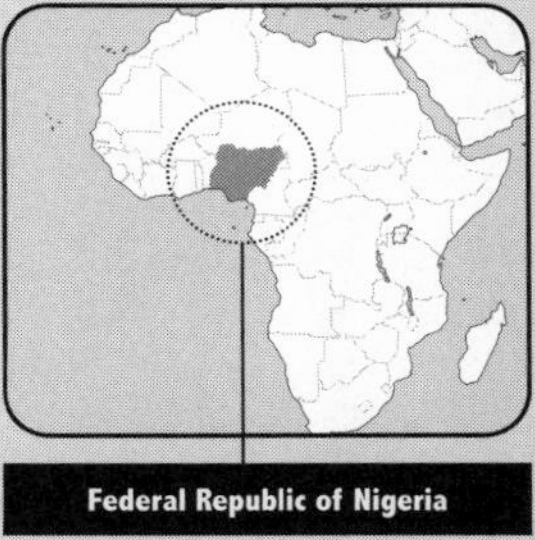

面積：92万3773平方キロメートル（日本の約2.5倍）
人口：2億96万人（2019年、世銀）

関連年表

1960年	ナイジェリア独立
1971年	ビアフラ紛争が終結し、中国とナイジェリアの国交が樹立される
2000年代初め	広州市内にアフリカ人のコミュニティができはじめる
2001年	上海出身の実業家、胡介国がナイジェリアで華人初の酋長となる
2005年	オバサンジョ大統領が訪中。これをきっかけに、両国の関係は急接近
2014年	中国がナイジェリアの高速道路建設に131億ドルを投資
2017年	ナイジェリアにある台湾の出先機関から、「中華民国」の名前が消える
2020年	広州で、アフリカ人を対象にした新型コロナウイルスの強制検査がおこなわれる

大規模黒人差別事件、勃発

「オーマイゴッド、オーマイゴッド！　私たちを見てください。中国南方にいるナイジェリア人です。家がない。ホテルにも泊まれない。中国のどこにもいられないんだ」

二〇二〇年四月上旬、広東省広州市内で撮影された動画内でのナイジェリア人男性の音声だ。

このとき、広州市内ではアフリカ系の外国人が新型コロナウイルスを媒介《ばいかい》しているとする偏見が強まっていた。騒動のきっかけは四月一日、新型コロナウイルスに感染したナイジェリア人男性が市内の隔離先の病院から逃亡を試み中国人看護師を殴打《おうだ》、さらに押し倒して噛み付くという事件を起こしたことだ。

広東省では二〇二〇年三月以来、海外からの入国者に対してコロナ感染予防を目的とする強制隔離処置がおこなわれていたが、この事件以降、特にアフリカ系外国人をターゲットに、中国への渡航時期を問わず強制検査や拘束が実施されるようになった。加えて四月七日には、広州市内のレストラン関係者のナイジェリア人五人の新型コロナウイルス感染が判明し、アフリカ系の人々に対する市民の目が一気に厳しくなった。

また、四月十四日付けの中国大手紙『環球時報』は、四月四日から十三日までに広州市内のアフリカ系外国人四五五三人を対象におこなわれた検査で、一一一人から新型コロナウイルスの陽性反応があり、うち一九人は海外由来の株への感染が確認されたと報じた（なお、中国は自国のコロナ封じ込めが一段落した二〇二〇年三月以降、ウイルスが中国から世界に広まった事実を国民向けに隠蔽する目的もあってか、海外由来のウイルスの持ち込み事例を大きく報じるようになっている）。ネット上では広州のアフリカ系の人々一〇〇〇人に新型コロナウイルスの陽性が確認された、などといったデマまで流れ、パニックはいっそう拡大した。

結果、広州市内で表面化したのが、アフリカ系外国人に対する露骨な差別的待遇である。四月上旬から、広州市内に居住・滞在している多くのアフリカ出身者たちが、大家から家を突然追い出される、ホテルから退去を言い渡される、レストランへの入店を拒否されるといったケースが続出。結果、路上生活を余儀《よぎ》なくされた人々が街にあふれた。

ＳＮＳ上には、英語で「黒人の入店お断り」という注意書きを出していた広州市内のマクドナルドの店舗を撮影した動画が流出。この店舗は中国法人の本社から処分を受ける事態になった。

さらには、広州市の防疫職員がナイジェリア人男性三人を無理やり拘束し、パスポートを没収する動画も広まった。

こちらは外交問題となり、拘束者の釈放とパスポートの返還をめぐり在広州ナイジェリア総領事館の職員が現場に急行。ナイジェリア外相のジョフリー・オンエアマが、ツイッター上で該当の動画をシェアする形で抗議の意思を示したほか、さらに四月十一日にはナイジェリア下院議長のフェミ・グバジャビアミラが駐ナイジェリア中国大使の周平剣を呼び出し、当該の動画について問いただす事態となる。さらにナイジェリアのみならず、アフリカ連合（AU）が広州の状況に「極めて強い懸念」を表明、アフリカの約二〇カ国が中国政府に抗議を申し入れる共同書簡を発表することとなった。

ナイジェリア国内では、差別問題に対する報復として中国資本の工場が焼き討ちされる事件も起きる。ナイジェリアはもともと、国民の対中好感度が八割以上に達する世界有数の親中国家だったのだが、新型コロナウイルスの問題が同国内の対中国感情に大きな影を投げかけたことは間違いない。

――ナイジェリアは、日本の約二・五倍の国土を持つ西アフリカの国だ。

国内では過激なイスラム主義集団ボコ・ハラムのテロが頻発《ひんぱつ》するなど政情は不安定で、失業率は八％（二〇二〇年）。一人あたりGDPも二〇〇〇ドル程度にすぎない。だが、アフリカで一位である約二億人の人口は、二位のエジプトの倍近くあり、地域内では圧倒的なボリュームを持つ。圧倒的なマンパワーゆえに、国家単位でのGDPは四四八一億ドル（二〇一九年）と、やはりアフリカ一位である。

二〇五〇年には、インドと中国に次いでナイジェリアが世界第三位の人口を擁する国におどり出る見込みだ。地域大国として、「アフリカの巨人」の異名も持っている。

ビアフラ紛争からチャイナ・ビジネスへ

だが、そもそもなぜ中国の一都市で、新型コロナウイルスに感染したアフリカ系外国人が一〇〇人以上も見つかり、大規模な差別事件へと発展したのか。理由は、広州が中国で最大のアフリカ人コミュニティを擁し、「チョコレート・シティ」「東洋のブルックリン」などの異名でも知られる都市だからである。

広州市内でアフリカ系の住民が特に多い地域は複数あるが、最も有名なのは地下鉄五号線の小北駅付近だ。大ターミナルである広州駅の裏手に広がる城中村《チエンヂヨンツン》（出稼ぎ労働者が多く暮らす中国版スラム街）に、今世紀に入ったころから大量のアフリカ系の人々が暮らすようになったのである。

かつて私が二〇一七年二月に現地を取材した際には、コンゴ民主共和国やタンザニアを中心に、ケニア・ガーナ・スーダン・ソマリア・ニジェール・リベリア・シエラレオネなど、アフリカ各国の人たちが小北地区に集まっているのを確認できた(『さいはての中国』〔小学館新書〕参照)。余談ながら、この地域は他にアラブ系のイスラム教徒もかなり多い。

また、小北地区から直線距離で八〇〇メートルほど離れた場所にある瑶台西街も、もうひとつのアフリカ・スポットである。こちらはナイジェリア人が圧倒的に多く、ほぼナイジェリア人だけが出入りする食堂やホテルも複数存在している。

当局発表によれば、二〇一九年十二月二十五日時点で、広州市内の在住外国人総数八万六四七五人のうち、アフリカ系住民は一万三六五二人となっている。もっとも、実際は当局に捕捉されていない不法滞在者も多いとみられ、複数の欧米メディアは広州のアフリカ人口を五万〜一〇万人と試算している。また、実態よりもかなり誇大な数字とみられるが、中国のネット上では「アフリカ人三〇万人」説すら噂されている(ちなみに中国の国営通信社・新華社によると、二〇一七年に広州から中国に入国したアフリカ各国籍の外国人数は約三二万人だ)。

事実、小北地区や瑶台西街に限らず、新型コロナウイルスの流行以前は広州市内の西部(特に越秀区)を歩くと、かなりの頻度《ひんど》でアフリカ系の人たちとすれ違った。彼らの多くはビ

（上）広州市内、アフリカ各国の出身者が集まる小北地区の街並み　（下）広州市内、瑶台西街にあるナイジェリア食堂に集う人々。ともに2017年2月（撮影：著者）

ジネスマンで、中国で電化製品や電子部品・衣料品などを買い込んで自国で売っているようだ。さらに、アフリカ各国料理のレストランの経営や、携帯電話やSIMカードの販売、国際運送や送金サービスの提供といった、同胞向けのエスニック・ビジネスに従事する人々も数多くいる。

かつて私が現地取材をしていた際に聞いた話では、広州のアフリカ系外国人全体のなかでも人数が突出して多いのがナイジェリア人であり、全体の約半数を占めるという。ナイジェリア人は日本においても、在日外国人のアフリカ各国出身者のうち国籍別で最多を占めており、国境を越えた商売や移民行為への関心が高い（著名なナイジェリア系日本人には、タレントのボビー・オロゴンやプロ野球選手のオコエ瑠偉《るい》がいる）。

瑶台西街で知り合ったナイジェリア商人の一人は、こうも言っている。

「中国にいるナイジェリア人はイボ族が多い。国家のポストを北部のイスラム系の人たちが握っているので、僕たちは中国に来て稼ぐしかない」

大国ナイジェリアでは、北部に住みイスラム教徒が多いハウサ＝フラニ族（ハウサ族、フラニ族）と、南西部に住むヨルバ族、南東部に住みキリスト教徒が多いイボ族の三つの民族が有力である。ハウサ族には軍人が多く、現在のムハンマド・ブハリ大統領もこの民族に属している（加えて余談を記せば、ボビー・オロゴンはヨルバ族だ）。

対してイボ族は「黒いユダヤ人」の異名を持つ商才豊かな民だ。ただ、一九六〇年代にビアフラ紛争を起こしてナイジェリア本国からの分離独立を図り、近年になってからもビアフラ独立運動を活発におこなうなど、現在もハウサ族中心の連邦政府とは折り合いが悪い。そうした事情もあって、彼らは積極的に海外に進出し、中国とのビジネスで一攫千金《いつかくせんきん》を夢見ているのである。

たび重なる援助と借款ラッシュ

中国とナイジェリアの両国関係は、以前はあまり密接ではなかった。ナイジェリアは一九六〇年に独立したものの、政情の混乱と内戦の影響から、中国との国交樹立はビアフラ紛争が終結した後の一九七一年までずれこんでいる。また、ナイジェリアはその後も中国（中華人民共和国）との国交を維持していたものの、台湾（中華民国）とも一定の友好関係を保ち続けた。台湾側の事実上の大使館業務を担う機関に対しても「中華民国駐ナイジェリア連邦共和国商務代表団」と、中国と国交を結んでいる国としてはかなり珍しく「中華民国」という国名を名乗ることを容認していた。

だが、二十一世紀に入るころから中国が対アフリカ外交を再強化すると、ナイジェリアとの関係も変わりはじめる。中国は中東への過度の石油依存を避ける目的もあって、アフリカ諸国のなかでもスーダンやアンゴラなど石油資源が豊富な国に熱心に接近する。産油国であるナイジェリアに対しても例外ではなかったのだ。

両国関係は二〇〇五年三月のオバサンジョ大統領（当時）の訪中を契機に急接近し、中国側はナイジェリアとの外交関係を戦略的パートナーシップに格上げしたほか、中国の国営石油会社や通信大手の中興通訊（ZTE）の工場進出が、この年に決定された。

中国のナイジェリア接近は年を追うごとに強まり、二〇一四年にはナイジェリアの高速鉄道建設に一三一億ドル（約一・四兆円）を投資したほか、ナイジェリア国内の都市交通や橋《きょう》梁《りょう》などさまざまな交通インフラの整備を進めている。

アメリカのジョンズ・ホプキンス大学の中国アフリカ調査イニシアチブ（CARI）の調べでは、二〇〇〇年から二〇一七年までの間に中国からナイジェリアに供与された借款《しゃっかん》額は約四八億ドルにのぼる。これは第四章で紹介するエチオピアの約一三七億ドルには負けるものの、やはり相当な多額である。

中国からのたび重なる援助と借款ラッシュを受けて、ナイジェリアは二〇一七年、ついに台湾の出先機関から「中華民国」の名前を外させ、完全に中国になびく姿勢を示すことになった。

中国人青年、ナイジェリアの「酋長」になる

中国とナイジェリアとの接近を象徴する興味深いエピソードも紹介しておこう。

二〇一八年十二月三十日、国営通信社の新華社は、二十七歳の中国人の若者・李満虎《リイマンフウ》が、ナイジェリア南部の地元部族の「酋長」になったと報じている。

ナイジェリアの地域社会には公的権力とは別個の権威として、比較的広い範囲に権威を持つ土侯《どこう》と、その下で部族や村の単位で権威をおよぼす酋長という伝統的な権力者が存在する（なお、土侯と酋長は中国語ではそれぞれ「土王《トウワン》」「酋長《チウヂヤン》」。現地の英字メディアを確認すると、英語では「monarch」「chieftain of a local tribe」という訳語が充てられている）。酋長はとても尊敬される存在とされ、現地では通常、小さなトラブルの解決は公的機関ではなく酋長の仕事であるとみなされている。

さて、そんな「酋長」になってしまった李満虎は、ナイジェリアで過去三〇年あまりも建設・土木インフラ整備事業に携わってきた中国の国有企業、中地海外集団（ＣＧＣＯＣ

Group）ナイジェリア公司で働く入社三年目の社員だった。彼は隣国カメルーンとの国境地帯にあるナイジェリア南東部のクロスリバー州エタング（Etung）地区で、ＣＧＣＯＣが請け負う国際橋梁建設プロジェクトを切り回しており、二〇〇人あまりのナイジェリア人労働者を指揮しつつ、地域住民や地元の土侯との折衝をおこなうのが仕事である。

李満虎が酋長就任の打診を受けたのは二〇一八年十二月中旬だ。中国側の各報道によると、土侯側からたっての要請があり、ナイジェリア人の現地助手を通じて突然話を持ってこられたため、彼の第一声は「なんで僕が？」だったらしい。

もっとも「酋長」といっても儀礼的なものに過ぎず、酋長の本来の仕事である地元部族のトラブル解決などへの関与は免除される。中国国営国際放送（ＣＲＩ）によればＣＧＣＯＣによる国際橋梁の建設が現地に多大な経済的恩恵をもたらすこともあって、ナイジェリア政府が中国人酋長の誕生を要請した模様だ。若手の李満虎が選ばれたのは、建設プロジェクトの現地責任者が「酋長」になれば地域との調整や労働者の管理にメリットが大きいうえ、中国とナイジェリアの友好の象徴として話題づくりにもなるためだろう。

さておき、入社三年目のサラリーマン李満虎は、ほぼ社命によってナイジェリアの辺境の村の酋長にされてしまった。彼に新たに与えられた名前は、「Ntui Ofa 1」（オファ酋長1世）

だったそうである。

オバサンジョ政権に食い込んだナイジェリア華人リーダー

李満虎のほかにも、近年はナイジェリアにおける中国人の「酋長」就任のニュースがいくつか報じられている。

例えば中国のインフラ系国有企業大手、中国土木工程集団公司幹部の陳暁星《チエンシヤオシン》（二〇〇八年）、同じく中国土木工程集団子会社の中土ナイジェリア有限公司総経理の李慶勇《リイチンヨン》や、メディア企業の四達時代ナイジェリア公司のＣＥＯである劉金泉《リユジンチユエン》（ともに二〇一五年）……といった具合だ。前出の李満虎もそうだが、こうした中国人ビジネスマンに対する「酋長」称号の授与は、彼ら個人がナイジェリアの地域住民たちと深い心の交流を持っているからというより、所属先の中国企業や中国政府に対する現地社会からの贈り物という側面が強いのだろう。

一連のナイジェリア華人酋長たちの草分けであるとみられるのが、ナイジェリア在住歴が四〇年以上に達する、上海出身の胡介国《フウジエグオ》という人物だ。

胡介国の父親はナイジェリアで綿紡績事業を営む在アフリカ華僑《かきよう》であり、彼は父から事業

500人のボディーガードに護衛される、「ナイジェリア華人酋長」にして政商の胡介国（『捜狐』「胡介国：在非洲建立商業帝国，受封酋長，曾領兵救回中国駐非人員」https://www.sohu.com/a/457856634_100268363より）

を手伝ってほしいと求められたことで、文化大革命直後の一九七八年に現地へ渡航。その後、四年間のカナダ留学を経てからナイジェリアに戻って着実に人脈を広げ、一九九七年に同国最大の都市・ラゴス市内にゴールデンゲートホテル（金門大酒店）というホテルを作った。

やがて中国が経済発展とともに中国企業の海外進出政策「走出去」を打ち出すと、ホテル事業でナイジェリア政府の要人とのコネを持つ胡介国の重要性は上昇する。中国政府からも「愛国」的な海外華人として認められ、中国和平統一促進会理事やナイジェリア中国友好協会会長といった、統一戦線工作にかかわる要職を与えられるようになった。

胡介国の事業も成功しており、現在は金門グループとしてホテル経営の他にレストラン・旅行・貿易・建築・建材生産・機械や木材加工など多方面に事業を展開中だ。グループ全体の資産額は一億ドルを突破し、従業員三万人を雇用するに至った。多額の寄付を投じて学校を四つも作るなど、慈善家としての顔も見せている。

そんな彼が中国人としては最初とされる「酋長」に任命されたのは二〇〇一年のことだ。その後、彼はオバサンジョ大統領（当時）の経済顧問として政府中枢に食い込み、中国とナイジェリアの関係が一気に接近するきっかけになったオバサンジョの訪中に付き従うなど、ナイジェリアでも有数の政商として台頭する。

中国メディアによると、現在の胡介国は五〇〇人の屈強な武装コマンドー（経費はナイジェリア政府が負担）に護衛されてラゴス市内の豪邸で暮らしているとされる。もはや政商や酋長というよりも、軍閥の親玉に近い存在に登りつめているようだ。

「広州　黒人」で検索すると……

――話を冒頭の広州における差別問題に戻そう。

中国人ビジネスマンが次々と「酋長」に任命されるような、国家間の政治・経済面での友好関係はさておくとして、広州の街のナイジェリア人コミュニティは、かねてから地域住民や地元公安当局との摩擦をしばしば起こしてきた。

たとえば二〇〇九年七月には、警官から取り調べを受ける過程で逃亡したアフリカ系の外国人（ナイジェリア人とみられる）がビル屋上から飛び降りて死亡。この件に不満を持った一〇〇〇人近いナイジェリア人が公安局に殺到し、暴動寸前に陥る事態が発生した。

また、二〇一二年にも暴行容疑で拘束されたナイジェリア人が公安局で死亡した事件をきっかけに、やはり仲間のナイジェリア人たちが公安局に詰めかけ、同様の騒ぎが起こっている。

二〇一四年十二月には、ナイジェリアを含む西アフリカ諸国でのエボラ出血熱の流行を受けて、広州市内で黒人《ヘイレン》（アフリカ系とみなされた外国人）を対象とする無差別の強制検査や監視がおこなわれた。エボラはアフリカが由来の感染症だったため、「アフリカ人限定」の強制検査はある程度まで当事者からの理解を得られていた模様だが、今回の新型コロナウイルスの騒動に先んじて、過去に似た態勢が敷《し》かれていたことは興味深い。

さらに二〇一七年三月には、広州市公安局が「三非《サンフェイ》」状態（不法入国・不法滞在・不法就労）の外国人に対する大規模な摘発キャンペーンを発動し、市内のアフリカ人を主要なターゲットにして取り締まりを強めた。このときには中国政府が旅費と生活費を負担する形でナイジェリア人の不法滞在者八万人を本国に送還するというデマが流れたことで広州のナイジェリア人コミュニティが騒然となり、在中国ナイジェリア大使館が否定声明を出す事態も起きている。

暴動や感染症の強制検査、公安局との摩擦といった一連のトラブルは、広州に渡航するナイジェリア人たちが中国社会に溶け込めていないという要因もあるが、いっぽうでアフリカ系の人々に対する中国人の根強い差別感情や不信感も大きく関係している。

中国はもともと、文化的な固定観念として、肌が黒い人たち（東南アジアやインドの人々を含む）に対する忌避《きひ》感情が強い。加えて中国国家の体制的な理由もあって、二十一世紀の西側社会における「常識」であるポリティカル・コレクトネスの概念が必ずしも社会に根付いていない。

ゆえに中国では公共の場においても、欧米圏や日本では間違いなく自粛の対象になるような、露骨《ろこつ》な人種差別的な言動がなされるケースが少なくない。二〇一八年の春晩《チュンワン》（旧暦大晦日に放送される大規模な歌番組）では、顔を黒塗りにして黒人を演じるコントが平気で放送されたほどだ。

こうした傾向はネット空間ではより顕著であり、中国語で「広州　黒人」と検索すると、ネットニュースなどの一定の公共性を持つはずの文章を含めて、ヘイトスピーチとみなしてよさそうな文言が大量に引っかかる。広州のナイジェリア人に対する市民や公安・衛生当局の職員たちの認識にも、かなり根強い差別感情や偏見がある可能性が高い。

また、「良好」であるはずの中国とアフリカ各国との関係自体が庶民の怨嗟《えんさ》の的でもある。国内のさまざまな問題を解決しきらないままアフリカ各国にカネをばらまく中国政府の政策は庶民から評判が悪く、「大傻逼《ダーシャービー》（大ばか）」と呼ばれて忌《い》み嫌われているのだ。

これはアフリカ側に過失がある話ではないのだが、結果的に中国国内でアフリカ系の人たちに対する庶民の目線を厳しいものにしている。

広州市内でアフリカ系外国人のみを集中的に狙い撃つようにして実施された新型コロナウイルスの強制検査と隔離は、そうした中国人の差別感情や偏見ゆえに、現場でより過激な運用がなされてしまった結果だとみていいだろう。

広州の黒人差別問題は、アフリカ諸国の反発のみにとどまらず、アメリカ国務省がアフリカ系米国人に対して広州への渡航を避けるよう勧告する警戒情報を発令するなど、影響が全世界に広がった。なにより、中国社会における人権意識の低さを露呈する事件でもあった。

「中国とアフリカ諸国の友好関係は深く根付いたもので、たやすく破れることはない。新型コロナウイルスによる肺炎の流行に対し、中国とアフリカは双方一致団結して立ち向かっている。人々を惑わして泥を塗ったり仲違いさせようとするいかなる企《たくら》みも無駄になる」

騒ぎが大きくなった二〇二〇年四月十四日、中国外交部の趙立堅《ヂャオリージエン》報道官は定例記者会見の席上でそう反論してみせた。石油利権をめぐる援助攻勢という、中国側の国策によって生み出されたナイジェリアとの友好関係に、小さくないヒビが入った出来事だったことは間違いない。

column 1

アフリカ人学長、中国の第三世界外交と天安門事件を語る

対談　ウスビ・サコ（京都精華大学学長）

ウスビ・サコ学長

二〇一八年四月、アフリカ出身者として日本初の大学学長に就任したのが、バンバラ語・フランス語・英語・中国語・標準日本語と関西弁を流暢に操るマリ共和国出身のウスビ・サコ（京都精華大学学長）だ。最近はテレビのコメンテーターとしての登場も増え、二〇二〇年七月に刊行した著書『アフリカ出身 サコ学長、日本を語る』も評判になっている彼だが、実は来日前に六年間にわたり中国で学び、その後も家族が一時期北京に滞在するなど、中国との縁も深い。

サコの母国のマリ共和国は一九六〇年にフランスから独立した直後に中国と国交を樹立し、一九七〇年代の文

化大革命の終了直後から中国に留学生を送り出してきた歴史を持つ。近年、アフリカ諸国の対中傾斜がいっそう強まるなかで、サコはアフリカ人の「中国通」の視点を日本語で語ることができるという、非常に稀有《けう》な人物だ。彼の視点から見たアフリカと中国、そして日本の関係について、詳しく尋ねた。

アフリカ諸国が中国を好きな理由

安田　近年、中国は新疆《しんきょう》の人権問題や香港問題、南シナ海の領土問題などさまざまな課題をめぐって国際的な批判にさらされていますが、いっぽうで世界には、発展途上国を中心に中国の立場を擁護《ようご》する国も少なくありません。

たとえば二〇二〇年六月、国連人権理事会で中国による香港国家安全維持法導入の賛否が問われた際、「賛成」したのは五三カ国、そのうち二五カ国がアフリカの国家でした（注：ただしマリ共和国は不賛成）。アフリカに親中的な国が非常に多いのはなぜなのでしょうか？

サコ　アフリカ諸国と中国の関係は一九五〇－六〇年代から続いてきた歴史がありま す。中国は昔からアフリカの国々と交流を持とうとしてきたので、一定の信頼関係が築か

〈マリ〉

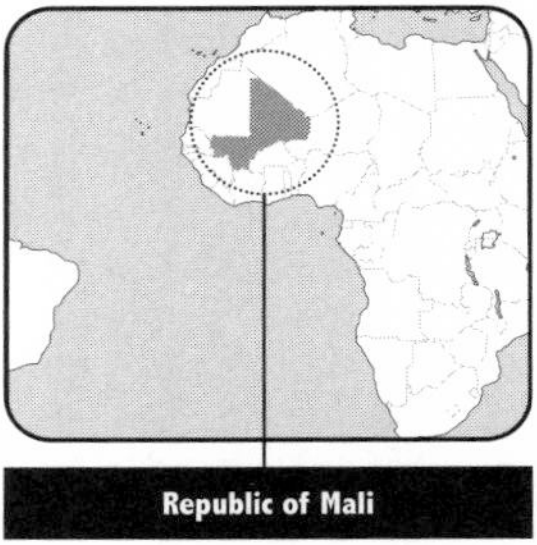

面積：124万平方キロメートル（日本の約3.3倍）
人口：1966万人（2019年、世銀）

れているのです。最近の中国は（強すぎるナショナリズムや覇権主義的な姿勢などの）さまざまな問題も出ているのですが、やはり「昔から助け合ってきた」というアフリカ側の意識は、そう簡単には変わりません。

　また、これはアフリカに限った話ではありませんが、近年は各国において中国に対する信頼性が増してきました。中国はかつて、他の発展途上国と同様の環境に置かれていたにもかかわらず、目覚ましい発展によって世界トップクラスの経済力を持つ強い国になった……と。無視できない強いインパクトを持つ国だという認識が強まったのです。

安田　アフリカ各国のエリートは、かつて植民地侵略をおこなった西洋への反発が伝統的に強いといわれます。アフリカに親中国家が多い理由は、アジアの国家である中国が、西側欧米諸国を上回る魅力があるとみなされた面もあるのでしょうか。

サコ　いや……。アフリカにとっては、中国もベストの選択ではありません。ただ、ワン・オブ・ザ・ソリューションズ（解決法のひとつ）ではあるのですね。

アフリカは近現代史において、第二次大戦後に各植民地が独立した後も、一九六〇年代末くらいになると西洋の旧宗主国が裏で糸を引くクーデターが各国で起きて軍事政権が成立しました。そして、西洋の国が資源を得やすいように道路が敷かれたりと、植民地支配が形を変えて継続するかのような事例もみられました。しかし、そんな体制が、一九九〇年代くらいになると西洋からあべこべに非難されて……といった、矛盾の多い歴史を経験してきたわけです。西欧が残したキズが深いことは確かでしょう。いっぽう、中国はある意味でずっとブレずに、アフリカと付き合ってきたのは確かです。良くも悪くも、ですが。

安田　中国は第三世界の国家に対して内政不干渉の立場を取ることが多い。これはぱっと聞くと耳障りのよい言葉に思えますが、意地悪く言うならば、たとえ国際的に非難を集める軍事独裁政権に対しても、中国は友好関係を変えない。これが中国外交の特徴です。

サコ　そうなのです。誰が政権をとろうが、どんな政権であろうが中国は友好関係を保ち、前政権時代に約束したプロジェクトを継続する。欧米諸国から制裁を受けて経済封鎖されているような状況の国に対しても、中国だけは取引を止めないんです。ゆえに、政情が不安定な国も少なくないアフリカの諸国にとっては、頼りやすいと感じられる部分はあるかもしれません。

安田　中国南部の広州には非常に大きなアフリカ人コミュニティが存在します。二〇二〇年四月、新型コロナウイルスの感染防止を理由に、多数の在広州アフリカ人が不当に拘束されたり、アパートの居住を拒否されて路頭に迷ったりする事件が起きました（第二章参照）。背景には中国人の差別感情が関係していたとされ、アフリカの約二〇カ国が共同で抗議書簡を作成するなど混乱が広がりました。この事件は今後、アフリカ人の対中国感情に影響するでしょうか？

サコ　難しい問題ですね。確かに中国はアフリカにとって身近な国です。ただ、アフリカ人が中国を本気で好きかといえば、別にそうではない。仮に一〇〇人に尋ねたとして、中国をものすごく好きな人は一人か二人しかいないことでしょう。

安田　意外です。米国のシンクタンク、ピュー・リサーチ・センターが二〇一九年に世界三四カ国を対象におこなった対中好感度についての世論調査では、ナイジェリアが七〇％、ケニアが五八％と、日本（一四％）や欧米諸国と比較して高い数字が目立ちました。これらは「本気」の支持ではなかったわけですか。

サコ　そう思います。中国が自分の国でビジネスをすることは受け入れる。中国の企業の接待や便宜の供与はものすごいから、アフリカの国家の首脳たちは喜びます。中国は安く公共事業を請け負ってくれるので、国家にとってありがたい――。ただ、「それだけ」のことでもあるのですよ。

勝負になっていない日本

安田　日本をはじめとした西側先進国の視点では、中国の海外進出には国威の発揚や覇権主義といった別の目的が感じられます。しかし、アフリカからは、純粋に「ビジネスをやりに来ている」とみなされているわけですか。

サコ　そうです。中国とは長い付き合いゆえの信用もありますし、中国側のビジネスも上手い。中小企業や個人ビジネスでも平気で参入してきますし、そのままアフリカに残って商売をやる人もいる。面白いのは、中国企業が日本のODA事業に入札して、受注している場合さえあることです。日本としては、アフリカにお金を出しているはずの事業が、実は中国のプロジェクトになってしまっているんですよ（笑）。

安田　アフリカにおいて、中国の存在感は日本とは比較になりませんね。私が過去に行ったことがあるのは東アフリカのルワンダとケニアだけですが（『もっとさいはての中国』小学館新書）、きっと西アフリカをふくめて他の各国も同様なのでしょう。

サコ　比較にもなりません。たとえば日本は、一九九三年からTICAD（アフリカ開発会議）を開いており、アフリカ諸国に対する援助ドナー国ではあるのですが、援助をおこなう際も国際機関を経由することが多いので、現地の人たちからは存在感を感じづらい。また、そもそも関心も低いのですよね。TICADのときに、アフリカとビジネスしたい日本企業が一〇〇社やってくるとしたら、中国が二〇〇〇年から開いているFOCAC（中国アフリカ協力フォーラム）では中国企業が数千社規模でやってくる。日本は到底、太《た》刀《ち》打《う》ちできない……。という以前に、そもそも勝負になっていません。

安田　アフリカビジネスの場において、日本がそれほどまで中国企業の後塵《こうじん》を拝している理由は何だと思われますか？

サコ　意思決定の際にリスクを取らない消極的な姿勢ですとか、フォーマルセクター主導で動く傾向が強いですとか、いろいろあるでしょう。ここで私が指摘したいのは、日本の官公庁や企業が、在日アフリカ人との付き合いに消極的であることです。私たちのように、日本で学んだことのある、日本と母国のパイプ役になれる人たちのルートからアフリカに進出していけばいいのにと思うのですが、現実はなかなかそうなっていない。この点は残念です。

天安門事件前夜のアフリカ人襲撃事件

安田　サコ先生は来日以前、一九八五年から九一年まで中国に留学なさっています。最初は北京の北京語言大学で中国語、それから南京の東南大学で建築学を学ばれました。最近の中国は都市部であればすでに先進国と遜色《そんしょく》がない国ですが、一九八〇年代の景色はまったく違っていたことでしょう。

サコ　そうですね。当時、私はマリ教育省の決定で、図らずして中国に行くことになりました。現在とは違って、当時の中国はまだ社会主義色が濃い時代でしたから、食料を買うには糧票《リャンピャオ》という配給切符が必要でした。中国人学生の宿舎はお湯が管理されていて、週に一回しかお湯のシャワーを浴びられなかったし、寮も八人か九人部屋です。一方で外国人留学生は優遇されていました。学費も寮費もタダで、消灯時間もなくて。

安田　一昔前の中国では、外国人は「外賓《ワイビン》」と呼ばれて一般の中国人よりも大事にされましたからね。とはいえ、サコ先生は一九八八年十二月、中国人学生の大規模な反アフリカ人暴動に遭遇したと自著で書かれています。発端はアフリカ人学生と中国人学生の小さなケンカだったそうですが、留学生寮を包囲されて想像以上の大事件になった。当時、留学生と中国人学生の関係は緊張関係をはらんだものだったのですか?

サコ　双方の誤解と情報不足も大きかったと思います。中国の学生たちは、「アフリカは貧しい、助けてあげなくてはならない」と教育されてきたのに、実際に来ている留学生は、自分たちよりもいい生活をさせてもらっている。寮には一人か二人一部屋で住んでいる人が多いし、部屋には自分で購入したカラーテレビや冷蔵庫もある。そこに強い不公平感を感じていたんでしょう。

当時、多くのアフリカ出身の留学生は中国政府の奨学金以外に、自国からの奨学金や補助金が外貨で支給されていました。大概の留学生はそのお金をためて、さまざまな電化製品を購入していたのも事実です。

対して私たち留学生にも問題はあった。「なんで海外留学先が中国なんだろう」という不満を、みんな持っていたんです。仲間内でつるんで、大音量で音楽を聞いたりする様子に、中国人学生や教職員は「なんや、こいつら?」となったんでしょう。

とはいえ、襲撃されたときは大変でした。暴徒化した学生が六〇〇〇人もいると聞かされ、南京周辺の宿舎を転々としたり、充分な説明なく留学生仲間が連行されたり。数日後、アフリカ大使連盟の代表者が私たちを集めて「中国は我々と長い関係のある仲間だ。いかなる問題も友好的に解決できる」となだめてきたのも腑《ふ》に落ちませんでしたね。

安田　中国人学生の行動には、アフリカ人に対する差別感情も関係していたのでしょうか。

サコ　関係していたようでしていないですね。もちろん、中国人にはアフリカ人への偏見を持つ人も多かったですよ。ただ、彼らはあっけらかんとしていて「おまえたちは木の上に住んでるのか？」と尋ねてきたり、肌を触ってきて「色が落ちないな」と言ったり。とにかくコミュニケーションを取ってくれるので、腹を割って話せば仲良くなれますし、その後は同じ人が「うちにメシ食いに来るか？」と誘ってくれたりする。日本人よりも、いい意味で気を遣わない付き合いができるところがあって、私は中国人のこういう部分が好きです。

襲撃事件が起こった理由

サコ　話を一九八八年の暴動に戻すと、中国人学生たちを行動させた本当の要因は、当時の彼らのなかで盛り上がっていた政府や社会の矛盾に対する怒りや、改革への強い欲求やナショナリズムだったと思います。その怒りがたまたま、優遇された暮らしを送る外国人に向いたわけです。この中国の学生のパワーが、やがて翌年六月の天安門事件につながる大規模な学生デモに続いていったのです。

安田　アフリカ人留学生襲撃事件と、天安門広場の民主化運動は、イメージ的にはまったく違うものに思えますが、若者を突き動かしたパワーの根は同一だったと。天安門事件当時の思い出もお聞かせください。

サコ　私は南京の東南大学にいましたが、大学の講義はあったりなかったりでした。北京の天安門広場を目指して学生たちが上京していきましたし、もちろん南京市内でも集会やデモがあった。他の外国人はどんどん中国を脱出するなかで、私たちアフリカ人は取り残されていた。北京で武力鎮圧が起きた当時、私はまだ南京にいたのだったかな。鎮圧の後で香港へ移動したのですが、その前に北京の大使館や大使館関係の家族が居住するアパートに行ったら建物の壁に銃弾の穴が空いていましたよ。

事件後の社会の雰囲気の違いにも驚きました。以前はあれだけ元気だった中国人学生たちが、みんな沈黙している。「天安門事件をどう思うか」と尋ねてみると、「私たちが問違っていた。政府の言うことを聞かなかったのが悪い」と口を揃えて話すのが印象的でしたね。

安田　天安門事件の経験は、サコ先生の人生観や政治観に影響を与えましたか？　数年後にはサコ先生の祖国・マリ共和国も民主化していますが。

サコ　それがね……。実は現実感が薄いところがあるんです。中国のなかにいた私たちにはそれほどの情報が入ってきませんでしたから。外国から聞く話は、もう中国国内にいる人間はみんな死の淵《ふち》にいるかのようなおどろおどろしい話ばかり。いっぽう、中国での日常はそれほど大きくは変わっていないんです。どちらが現実かわからなくなりましたよ。マリ共和国が民主化した際も、天安門事件との関係を考えることはなかったですね。状況が異なっています。

軍事クーデターと民主主義の限界

安田　二〇二〇年、マリ共和国ではイスラム過激派への対処やコロナ問題への対策が腰《こし》砕《くだ》けだったイブラヒム・ブバカール・ケイタ大統領に対して大規模な反政府デモが発生。八月には軍事クーデターによる政権交代が起きました。これは日本や欧米だけではなく中国すらも懸念《けねん》を表明するなどの大きな波紋《はもん》を広げています。

サコ　前体制においても現体制においても、政府内に自分の友人や知人が大勢います。なので複雑なところです。ただ今回の件については、国際的に見ればクーデターかもしれませんが、実態としては政権を維持できていなかった大統領に国民がノーを突きつけ、事態を収拾するために軍が入ってきた、という図式だと考えています。九月に暫定《ざんてい》政権が成立して、大統領と首相が決まりました。おそらく当面はこの形で大丈夫でしょう。まあ、政治不信という根本的な問題は変わりませんが……。

安田　マリ共和国は一九九〇年代以降、アフリカでも民主主義の優等生であるという評価を受けてきました。軍事クーデターに対する欧米諸国の非難は、そうした理由もあるのかもしれません。

サコ　民主主義の優等生だったからこそ、先んじて限界が感じられたんです。優等生じゃなければナアナアで適当に済ませられることが、できなかった。アフリカにとって西側式の民主主義体制が必ずしも持続可能性のあるものではなかったという指摘はできると感じます。国民国家（ネイションステイト）の存在を前提とした民主主義は、国民国家を充分に形成できない国では厳しいのです。

安田　マリ共和国の地図を見ると、国境が直線になっている部分が多いですね。フランス植民地時代に、現地の民族分布を無視して国境線を引いた名残《なごり》でしょう。

サコ　そうです。現在の国の形は、私たちが望んで生まれたものではない。だからマリ人にとっては、歴史時代のガーナ王国、マリ帝国やソンガイ帝国などに対する誇りはあっても、現在のマリ共和国に対する帰属意識は薄いのです。私自身にしても、実は「マリ人」というよりも、出身民族の「ソニンケ族」という意識のほうが強いくらいですよ。あえて厳しい言い方をするならば、国民国家はアフリカ人にとっては失敗作のシステムなのです。アフリカ人にとっては、自分たちがわざわざ、その失敗作のシステムに合わせる必要はないという意識もある。

安田　近年、中国のようなシャープ・パワー国家は、西側の民主主義体制の疲弊《ひへい》につけ込むようにして、民主主義が定着しきっていない第三世界諸国の支持を集めています。ただ、中国は強烈なナショナリズムに基づいて動いている国民国家ですから、本当の意味でアフリカの悩みは理解できないのではないでしょうか。

サコ　ええ、ですからアフリカ諸国も、決して中国を心から信頼しているわけではありません。直近の利益に左右される関係ですから……。特に現在のコロナ禍《か》のあとは世界の秩序が変わると思うのですが、中国が今後も強い国のままでいるかも、実はわからないと考えます。

安田 縁起でもない話ですが、習近平さんが突然いなくなるような事態が起きただけで、中国は混乱しかねないと私は考えています。強い中国は、意外な脆弱性《ぜいじゃくせい》があると思うのです。

サコ なので、中国の時代はいつまでかな？ とは思いますね。もっとも、アフリカ諸国の体制が変わっても中国が相変わらず付き合い続けてきたのと同様に、たとえ中国が変化してもアフリカ諸国はしたたかに彼らと付き合っていくことになるでしょうけれど。

ウスビ・サコ●一九六六年マリ共和国・首都バマコ生まれ。八一年、マリ高等技術学校（リセ・テクニック）入学。八五年、中国に留学し北京語言大学、東南大学で学ぶ。九一年四月、大阪の日本語学校に入学。同年九月京都大学研究室に所属。九九年、京都大学大学院工学研究科建築学専攻博士課程修了。〇一年、京都精華大学人文学部専任講師に就任。〇二年、日本国籍取得。一八年四月、学長に就任。研究テーマは「居住空間」「京都の町家再生」「コミュニティ再生」「西アフリカの世界文化遺産（都市と建築）の保存・改修」など。主な著書に『アフリカ出身 サコ学長、日本を語る』（朝日新聞出版）がある。

第三章

VS.カザフスタン

「一帯一路のスタート地点」が直面する新疆問題

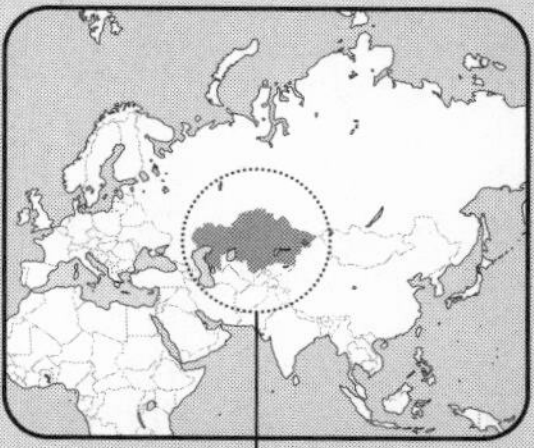

Republic of Kazakhstan

面積：272万4900平方キロメートル
（日本の7倍、世界第9位）
人口：1860万人（2019年：国連人口基金）

関連年表

19世紀後半	中国西北部に住む回民（中国語話者のイスラム教徒）がロシア領に逃亡
1924年	ソ連領の回民が「ドゥンガン」という民族として定められる
1991年	カザフスタン共和国として独立
2011年	中国とドイツを結ぶ鉄道「中欧班列」が運航を開始。カザフスタンが最初の通過国となる
2018年	カザフ族の中国共産党員、サイラグル・サウトバイがカザフスタンに亡命
2019年	中国に赴任経験のあるカシムジョマルト・トカエフ氏が大統領に就任
2020年	カザフスタン国内でドゥンガン人への襲撃事件が発生

襲撃された中国系少数民族

中国で春節（旧正月）が明けて間もない二〇二〇年二月七日夜、キルギスとの国境に近いカザフスタン東南部のジャンブール州コルダイ地区で大規模な騒乱が発生した。同地区のマサンチ村やソルトベ村など複数の集落において、カザフスタンの多数派民族であるカザフ人住民らが、少数派のドゥンガン人の集落を襲撃したのである。騒乱の直接の原因は、ドゥンガン人の男がソルトベ村で交通違反を犯した際に、カザフ人の警官と口論になったこととされる。

この夜、カザフ人の群衆は火炎瓶《かえんびん》を投げて商店や車両を焼き、鉄パイプや銃器でドゥンガン人を殺傷した。ＢＢＣなど複数のメディアによれば、すくなくとも一〇人が死亡して一七八人が負傷、四七人の逮捕者が出たという。襲撃を受けたドゥンガン人を中心に、約四五〇〇人がキルギス側に越境して難を逃れた。

事件はドゥンガン人に対するポグロム（28ページ参照）であるとして深刻に受け止められ、カザフスタンのカシム＝ジョマルト・トカエフ大統領は「挑発的な噂とフェイクニュース」を取り締まるよう治安機関に命令を下すなど対応に追われた――。

2020年2月12日、カザフスタンのマサンチ村にあるモスク内で祈りを捧げるドゥンガン人男性ら（写真提供：AFP＝時事）

　さて、本件は大事件には違いないとはいえ、中央アジア最深部の田舎町で起きた耳慣れぬ少数民族の騒動だ。おそらく多くの読者はピンときづらいはずだろう。

　しかし、実は襲撃を受けたドゥンガン人は、中国との関係が非常に密接な人たちだ。彼らはわずか百数十年前に中国から中央アジアへと移住した少数民族であり、言語や外見は中国国内の漢民族と非常に近い。

中国語を話す漢民族に似た人たち

　ドゥンガン人の祖先は、陝西《せんせい》・甘粛《かんしゅく》・寧夏・新疆など中国西北部の各地に住んでいた「回民《かいみん》」と呼ばれる、中国語を話すスンナ派イスラム教徒の集団だ。彼らは唐《とう》から元《げん》の時代にかけてシルクロードを経由して中国にやってきたアラビア人やペルシャ人らの子孫で、漢民族と通婚するなかで中国化した人たちだとされている（この回民は現代の中華人民共和国では「回族《フイズウ》」という少数民族として扱われている。日本で数年前にブームになった蘭州拉麺《ランヂョウラーミエン》［蘭州ラーメン］は、回族の影響が強い料理である）。

太平天国の乱やアロー戦争などの内憂外患によって清朝の統治体制が動揺しはじめていた一八六〇年代以降、中国西北部の回民たちも大規模な反乱を起こした。だが、こちらは鎮圧されてしまい、回民たちの一部はシルクロードを西進して国境の向こうのフェルガナ盆地に逃亡。当時は帝政ロシア領だったこの地域にそのまま定住した（その後も不安定な中国国内情勢を避けて移住する人たちが存在した）。

この回民移住民たちが、やがてソビエト連邦成立後の一九二四年、ソ連当局によって「ドゥンガン（東干）」という少数民族とされる。一九九一年にソ連が崩壊して中央アジアの各共和国が独立を宣言した後は、ドゥンガン人は複数の国家にばらけて分布することになり、現在はキルギスに約七・四万人、カザフスタンに約七・二万人、タジキスタンに約六〇〇〇人、ウズベキスタンに約二〇〇〇～三〇〇〇人、ロシアに約一七〇〇人ほどが暮らしている。

2020年2月12日、先の騒乱で焼き討ちに遭った村を歩くマサンチ村のドゥンガン人たち（写真提供：AFP＝時事）

ドゥンガン人は外見的な特徴が漢民族と非常に近く、また文化の面でも、彼らの伝統衣装には清代の満洲族や漢民族の影響がみられる。彼らが話す言葉（ドゥンガン語）はキリル文字で表記がなされるものの、中国語の陝西・甘粛方言にロシア語や中央アジア諸言語の語彙《ごい》が加わったものであり、独立した言語ではなく中国語の地方方言だとみなされる場合もある（事実、筆者が動画サイトにアップされているドゥンガン語の会話を聞いてみたところ、ある程度までなら内容を聞き取ることが可能だった）。

このような事情もあって、ソ連が崩壊して経済活動が自由になってからのドゥンガン人には、隣国である中国とビジネスをおこなったり、中国語とロシア語・カザフ語などの通訳をおこなったりする人が急増した。対して中国側もゼロ年代のなかばごろから、中央アジアの国境の向こうに暮らす「同胞」に対して、年々アプローチを強めるようになった。

一帯一路がドゥンガン人迫害を招いた?

たとえば、中国は二〇〇七年からカザフスタンで標準中国語の教育機関「孔子学院」の展開を進め、二〇一七年までに五校を開設している。この孔子学院のお得意様がドゥンガン人だ(隣国キルギスの話になるが、ビシュケク人文大学の孔子学院にはドゥンガン人の専門コースが設けられているほどである)。

また、二〇一七年には当時の駐カザフスタン中国大使・張漢暉《チャンハンフイ》が同国のドゥンガン人協会主席・ダウロフと会見し、ドゥンガン人の子弟向けの標準中国語の教材五〇〇〇人分を贈っている。これもドゥンガン人の中国語学習熱を後押しする動きの一環だ。

中国側がドゥンガン人を留学生として受け入れる動きも進む。たとえば甘粛省の名門校・西北師範大学は、二〇一七年までに合計二四〇人のドゥンガン人留学生を学費無料で受け入れた。同様の事業は甘粛省・陝西省の他の大学でもおこなわれている模様で、国務院のサイト上では「一帯一路政策を育て上げる特別な使者」としてドゥンガン人留学生たちが持ち上げられている。

こうしたドゥンガン人留学生の受け入れ事業は、対華僑《かきょう》工作を担う中国国務院僑務弁公室が支援している。中国当局としてはドゥンガン人たちを、日本を含む他国の華僑と同じような存在としてみなしているようだ。

だが、近年のカザフスタンでは台頭する中国への警戒論も広がっているため、中国との結びつきが強いドゥンガン人は疑いの目を向けられやすい。加えて、後述する一帯一路政策のもとで、中国語力や中国とのコネクションゆえに経済的に潤《うるお》いやすいドゥンガン人と、その恩恵にあずかれない多数派のカザフ人との心理的な摩擦《まさつ》も拡大していた。

事実、二〇二〇年二月にジャンブール州で騒乱が起きた後、アメリカの中央アジア情報ニュースサイト〝eurasianet〟は、地元のカザフ人のこんな証言を掲載している。

〝忍耐の限界だ。ドゥンガン人は金持ちになり、他人を見下すようになった。彼らはわれわれに『この（カザフスタンの）土地はお前たちのものだが、力は俺たちにある』と言いはじめたのだ〟

〝あいつらドゥンガン人たちは生意気になり始めていたんだ。これは昨日今日に始まったことではない。何年もかけて積み重なったことだ〟

(Joanna Lillis "Kazakhstan's Dungan community stunned by spasm of deadly bloodletting" eurasianet, Feb 10, 2020 https://eurasianet.org/kazakhstans-dungan-community-stunned-by-spasm-of-deadly-bloodletting)


もっとも記事によれば、現地のカザフ人とドゥンガン人の経済格差はそれほど大きくなかったともいう。一〇人が死亡した騒乱の本当の理由には不明な点も多い。

ただ、中国との距離が近すぎるドゥンガン人に対して、カザフ人の強い敵意と警戒心が存在したことは間違いないだろう。現地のカザフ人の間では、はやくも騒乱発生の数時間後には「ドゥンガン人は新型コロナウイルスを媒介している」というデマがインターネット上で盛んに流されていたようである。

中国の「超重要国」カザフスタン

ドゥンガン人襲撃事件の背景にあるのは、近年の中国のカザフスタンに対する入れ込みぶりだ。

中国から見たカザフスタンの重要性は、私たち日本人がイメージする以上に高い。カザフスタンは中国の西北部と長大な国境線で接しており、中国が陸路でロシア・欧州・中東方面と陸路交易をおこなう場合は、しばしばカザフスタン領内を経由する交易ルートを使うことになる。

そもそも、習近平政権の外交政策「一帯一路」は、二〇一三年九月に習近平がカザフスタン訪問時に首都ヌルスルタンのナザルバエフ大学で「シルクロード経済ベルト」構想を語ったことが端緒《たんしょ》だ。中国からの鉄道や国際幹線道路のほか、石油パイプラインも延びているカザフスタンは、まさに一帯一路の始まりの地なのである。

中国のシルクロード戦略の核が列車だ。重慶（近年は成都発も）とドイツのデュースブルクを結ぶユーラシア横断国際定期貨物列車「中欧班列（チャイナ・レールウェイ・エクスプレス）」は、中国から見るとカザフスタンが最初の通過国にあたる。この中欧班列の年間運行本数は、運行が開始された二〇一一年の一七本から、二〇二〇年には一万二四〇〇本（前年比五〇％増）まで急拡大中だ。中国と中央アジアでは列車の軌間が異なるために台車の交換が必要であり、中国国境にあるカザフスタンの貿易都市ホルゴスは貨車積み替えをおこなう大規模な物流ターミナルとして一気に発展を遂げつつある。

カザフスタンの広大な国土には、石油や天然ガスをはじめ、埋蔵量世界一位のクロム、同二位のウランのほか、銅・鉛・亜鉛・ボーキサイトなど膨大な地下資源が眠る。中国はこれらの資源を輸入する関係にある。また、ソ連時代には軍事的に激しく対立したロシアとの中間に位置する緩衝《かんしょう》地帯としての役割も無視できない。中国にとっての、カザフスタンの地政学的な重要性はかくも大きい。

いっぽうカザフスタンにとっても、中国は輸出・輸入それぞれの分野で第二位の相手国だ。二〇〇一年に中国が主導して結成したユーラシア諸国の国際機関・上海協力機構の原加盟国五カ国の一角にも名を連《つら》ねている。カザフスタンはロシアと中国の二方面外交をとることで中国一辺倒の関係を避けているとはいえ、国境を越えて滲《にじ》み出る中国経済の影響力は絶大だ。

対して二〇一六年、外国企業の土地賃貸の上限年数を引き上げる法案が検討された際に「中国人に土地を売るな」と大規模な抗議運動が起きるなど、庶民レベルでは中国への感情的な反発や警戒心も根強く存在している。農村部などに残るソ連時代の中ソ対立以来の「敵国」意識に加えて、後述するウイグル問題も、カザフスタン人が中国に不快感を持つ理由のひとつだ。

現在のカザフスタンにあたる地域は、国境をまたいでさまざまな民族が分布している。火種が埋もれているのは、中国にルーツを持つドゥンガン人のみならず、逆にカザフスタン側から中国領内に染み出して分布するカザフ人（中国では「カザフ族［哈薩克族《ハーサークーズウ》］」）についても同様だ。中国国内で暮らすカザフ族たちは一四〇万人以上に達する。

——しかも、その大部分は新疆ウイグル自治区に居住している。

ウイグル問題のもうひとつの「当事者」国家

中国の西北部に位置する新疆ウイグル自治区は、ウイグル族をはじめとするイスラム教を信仰する少数民族（カザフ族もそうである）が多い地域だ。一九四九年に人民解放軍によって「解放」され、中華人民共和国の版図《はんと》に組み込まれたが、慢性的に少数民族問題を抱えてきた。特に社会主義市場経済政策が本格化した一九九〇年代以降は、中国内地からの漢民族の移民が激増して少数民族を圧迫し、都市部を中心に漢化を進めるようになった。

結果、二〇一〇年前後にはウイグル族を中心にした大小の抗議運動や蜂起が大量に発生するが、すべて鎮圧される。二〇一三年の習近平政権の成立後は弾圧がいっそう強まり、最新式の監視カメラと大量の治安要員を動員する監視社会が構築されたことで、新疆ではもはや抗議運動すらほとんど起きなく（＝起こせなく）なった。

中国が新疆の少数民族を締め付ける理由は、中央アジアからの過激なイスラム主義の流入を防ぐ「反テロリズム」の戦いゆえであると説明されることも多いのだが、実際のところはマイノリティに対する同化・弾圧政策に他ならない。特に二〇一六年ごろからは、ウイグル人をはじめとする少数民族のイスラム教徒がなかば無差別に再教育施設（事実上の強制収容所）に送り込まれるようになった。

ＢＢＣやＣＮＮなど西側の各メディアは、収容者が一〇〇万人規模に及ぶと報道している。またアメリカのトランプ前政権のポンペオ国務長官、バイデン政権のブリンケン国務長官はそれぞれ、新疆のウイグル人弾圧問題が「ジェノサイド」に該当すると批判。欧米圏のこうした動きは、米中対立のなかで中国を封じ込める目的で新疆問題を利用した面も大きいのだが、二〇一九年に複数の中国側の内部文書が流出したことで、再教育施設における拷問《ごうもん》や洗脳の横行《おうこう》が事実である可能性が高まった。

そして、この問題になかば当事者として直面しているのが、カザフスタンである。近年、カザフスタン政府に対して「親族が中国内の再教育施設に収監され連絡がとれない」という訴えが多く寄せられているのだ。

新疆と国境を接するカザフスタンは、二〇一四年時点で自国内に約二三・二万人のウイグル人を抱えており、これは中国本土を除けば世界で最多である。ゆえに、ビジネスや親族訪問を目的に中国に帰国・入国した際に中国当局によって拘束されたり、中国側の家族や親戚が再教育施設に入れられたりしたカザフスタン国籍のウイグル人が多数存在している。

加えて、カザフスタンの多数派民族であるカザフ人も、前述のように中国側に一四〇万人以上が暮らしている。これは新疆域内の少数民族としてはウイグル人に次ぐ人口規模だ。現在、こうした中国籍カザフ人も数多く再教育施設に送り込まれている。

拘束者のうち、国外のメディアに顔と実名を出して証言をおこなった人物はごく限られているが、以下に何人か事例を挙げておこう。


《オムル・ベカリ》 両親はカザフ人とウイグル人。カザフスタン国籍。男性。カザフスタン国内の旅行会社に勤務していたが、新疆東部のピチャンにある両親宅を訪ねた二〇一七年三月に拘束《こうそく》。再教育施設内で両手両足に鉄の鎖をつけられるなどの拷問や、中国共産党のイデオロギーを「学習」させられる洗脳を受ける。カザフスタン政府の働きかけによって同年秋に釈放。父親は再教育施設内で死亡。その後、証言内容が『ニューズウィーク』や『毎日新聞』で報じられた。

《ギュルバハル・ジャリロワ》 ウイグル人。カザフスタン国籍。女性。カザフスタン南部のアルマトイを拠点に貿易業を営《いとな》み、長年国境を行き来してきたが、二〇一七年五月に新疆の区都ウルムチ市内で「テロリストへの資金提供」を名目に拘束。再教育施設に送られ、重さ五キロの足かせをつけられるなどの虐待《ぎゃくたい》を受けたり、中国共産党の革命歌を毎日歌わされるなどの洗脳を受けた。二〇一八年九月に突然釈放されてカザフスタンに帰るも、再教育施設内の実情を外部に話すことを口止めする脅迫電話を受けるなどしたため、トルコに亡命。(『朝日新聞』二〇一九年五月二十日記事など)

《トゥルスネイ・ジヤウドゥン》 ウイグル人。中国国籍(カザフスタンの市民権を保有)。女性。二〇一八年三月に拘束。二〇一八年十二月釈放。その後、親類が拘束される。(英語版『Buzzfeed』二〇二〇年二月十五日記事など)

カザフ人中国共産党員の亡命

二〇一八年四月には、かつて中国国内の再教育施設で「教員」として働いていた中国籍のカザフ人女性、サイラグル・サウトバイ（当時四十一歳）が、偽造パスポートを使ってホルゴス税関からカザフスタンに入国し、亡命を求める事件も起きている。

以下、ジェトロ・アジア経済研究所の岡奈津子の論文（「中国・新疆ウイグル自治区のカザフ人――不法入国とカザフスタン政府のジレンマ」）などを参考に事情を紹介していこう。

この事件については同年八月、中国国境に近いジャルケントの裁判所で審議がなされ、カザフスタンの司法はサウトバイの不法入国については執行猶予付き懲役六カ月の有罪判決を下したものの、中国への強制送還はおこなわない方針を表明。中国側から強い圧力を受けていたとされるにもかかわらず、彼女が亡命申請者としての立場で国内にとどまることを認めた（ただし、中国を過度に刺激しないためか、難民申請は却下された）。

上記の司法判断については、サウトバイがカザフスタンに入国した目的が家族と再会するためだったことや、彼女の夫と二人の子どもがカザフスタン国籍を持っていることも考慮されたようだ。なお、この判決の直後に中国国内にいるサウトバイの親族と友人たちは中国の公安当局によって拘束された。

サウトバイが裁判で証言したところでは、新疆にいた当時の彼女は中国共産党員で、保育園の園長だったらしい。つまり体制側の人物だったのだが、二〇一六年ごろから隣人や園児の保護者たちが次々と拘束されはじめ、不安を覚えるようになった。

そこでサウトバイは、公務員なので海外渡航が難しい自分の前に、ひとまず夫と子どもをカザフスタンに出国させたのだという（ウイグル人に限らず、近年の中国の公務員や一部の国有企業社員は、勝手に国外に出られないように職場にパスポートを預ける内規がある）。

結果、事実上の亡命に成功したサウトバイの夫と子どもは、やがてカザフスタン国内で現地の国籍を取得することに成功し、ひとまずは安全な立場になれた。カザフスタンは広大な国土に比べて人口が非常に少ない国なので、中国やロシアなどで暮らすカザフ人同胞の移住を歓迎しており、カザフ人であれば比較的容易に国籍を取得できることも幸いした。

しかし、中国に残ったサウトバイは二〇一七年十一月、夜間に目隠しをした状態で当局者によって移送され、再教育施設に連れて行かれることになった。ただ、彼女は共産党員だったので他の人たちのように施設に収容されることはなく、施設内で収容者たちに中国語や中国史、中国共産党の政策、習近平の演説内容の解説などの「教育」をほどこす教員にさせられた。

再教育施設での奇妙な教員生活は二〇一八年三月に突然終わり、サウトバイは再び目隠しをされた状態で自宅に戻され、施設内で見聞したことを絶対に口外しないよう口止めされた。だが、やがて当局関係者から、「思想を純化」するために今度は収容者として再教育施設に三年間入ることが必要だと告げられる。結果、ついに限界を感じて、偽造パスポートを用いてカザフスタンに脱出したのだという。

サウトバイと同じように、中国国内で再教育施設への収容宣告やパスポートの没収といった迫害を受けたカザフ人が、カザフスタンに不法入国して逃亡を図った事例は、二〇一八年以降だけですくなくとも五例が確認されている。

「中国人民的老朋友」を悩ませる問題

二〇一九年三月に就任した、カザフスタンのカシムジョマルト・トカエフ大統領は、若いころに中国留学経験やソ連の外交官としての中国赴任経験を持つため、中国語が堪能《たんのう》だ。

トカエフは同年九月の訪中時には、外国人としてはかなり流暢と言ってよい中国語を披露して中国メディアのインタビューに応対。中国側で好意的に報じられた。中国外交部からは、非常に親中国的な外国人を形容する定形表現である「中国人民的老朋友（中国人民の古い友人）」という呼称で呼ばれており、中国寄りの指導者であるとみなされている。

カザフスタンにとっての中国の重要性はすでに書いたとおりである。経済面での依存度が高いうえ、上海協力機構や一帯一路など中国主導のさまざまな国際的枠組みとの関係も深い。また、カザフスタンはソ連から独立して以来、与党ヌル・オタン（輝く祖国党）が圧倒的な得票を得て政権を握り続けている権威主義国家だ。中国は西側諸国とは違って、外交相手国の国内体制に口を出してこない（＝独裁政権や腐敗した政権であっても批判をおこなわない）ため、カザフスタンにとってはこの点についても安心して付き合える存在である。

だが、それゆえに新疆問題は頭が痛い問題だ。カザフスタン政府としては中国と友好的な関係を構築したい意向を持っていても、ジャンブール州のドゥンガン人襲撃事件からもわかるように、庶民層の中国に対する警戒心や不快感はもとより根強いのだ。

同胞であるカザフ人や、同じイスラム教徒で通婚関係を結ぶことも多いウイグル人が、中国国内で苛烈《かれつ》な弾圧に遭っている。カザフスタン政府がこれを無視するような態度を取れば、国内の庶民層の政権への不満が高まる。だが、中国共産党が「核心的利益」として位置づける新疆の少数民族問題にヘタに口を出して中国の怒りを買えば、やはり国家が多大なダメージを受ける。

国土面積が日本の七・二倍に達するいっぽう、総人口は関西圏の二府五県（約二二〇〇万人）よりも少ないという「大きな小人」カザフスタンにとって、巨大な隣人である中国との付き合いはなかなか簡単ではなさそうだ。

第四章

VS.エチオピア

「中国寄り」WHO事務局長と借金鉄道

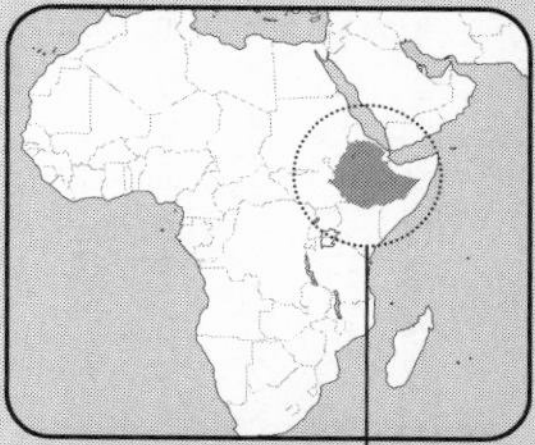

Federal Democratic Republic of Ethiopia

面積：109.7万平方キロメートル（日本の約3倍）
人口：約1億1207万人（2019年：世銀）

関連年表	
1936年	イタリアがエチオピア帝国を征服
1941年	イタリアから独立
1974年	エチオピア革命。エチオピア帝国が打倒される
1987年	エチオピア人民民主共和国成立
2001年	エチオピアの副外相が北京を訪問し、台湾と中国の関係において「一つの中国」の原則を支持することを表明
2015年	アディスアベバ・ライトレールが開業。中国鉄路総公司が協力し、エチオピア鉄道公社が建設
2018年	アディスアベバ・ジブチ鉄道が全区間で営業開始。中国鉄建中国土木工程集団が施工を担当

WHO事務局長の奇妙な言動

本書の執筆時点でもなお、世界を陰鬱《いんうつ》に彩《いろど》っているのが、中国で発生した新型コロナウイルスの流行だ。二〇一九年十二月に湖北省武漢市で最初の感染者が確認されたこのウイルスは、習近平政権が二〇二〇年一月二十日に情報公開を指示したことで広く世界に知られた。中国での大規模流行は同年三月までに鎮圧されたが、かわりにウイルスは日本を含む全世界に広がり、人々を悩ませ続けている。

いっぽうで注目されたのが、全世界の感染症予防方針のコントロールを担うはずの世界保健機関（WHO）が、新型コロナウイルスの感染拡大が明らかになった後も国際的規模の公衆衛生緊急事態宣言の発表を一週間近くにわたり差し控えるなど、中国に忖度《そんたく》しているかのような動きを取り続けたことである。一月三十日には、WHO事務局長である元エチオピア保健相、テドロス・アダノムが世界各国に中国への渡航制限をおこなわないよう求める声明を出し、こう言っている。

「中国政府の努力がなければ、国外感染はもっと増え、死者も出ていたかもしれない」

結果、『ウォール・ストリート・ジャーナル』や『ル・モンド』など世界の各紙がWHO

の姿勢を非難する記事をこぞって掲載。ついに二〇二〇年五月には、アメリカのトランプ政権がＷＨＯからの脱退を宣言するに至った（正式通告は七月。なお、二〇二一年一月二十日に新大統領に就任したバイデンは即日、アメリカのＷＨＯ復帰を指示する書類にサインしている）。

コロナ禍初期のＷＨＯの動きを考えるうえで注目されたのが、事務局長であるテドロスだ。

一九六五年にアスマラ（現エリトリア領）で生まれたテドロスは、八六年にエチオピア保健省入りした技官で、在職中にイギリスで博士号を取得。その後、二〇〇五年に四十歳で保健相に就任し、一二年に外相に転じてからアフリカ連合（ＡＵ）の強い後押しを受ける形で、一七年五月にアフリカ人では初のＷＨＯ事務局長に選出された。

彼の経歴を一見しただけでは、中国との関係を感じ取ることは難しいかもしれない。だが、実はエチオピアは、親中国的な国家が多いアフリカ諸国のなかでも特に中国の強い影響下にある国なのである。

アフリカ借金鉄道、発車

「ジブチやエチオピアの郊外の工業地区やインフラ施設は、中国をそのまま切り貼りして持ってきたみたいに見えました」

そう話すのは、大学生の坂田（当時二十三歳、仮名）である。鉄道マニアで中国旅行が趣味だという彼は、二〇一九年三月に大学の春休みを利用して「現地に新しくできた鉄道に乗るため」エチオピアと隣国のジブチを友人とともに訪れた。

彼のお目当てだったアディスアベバ・ジブチ鉄道は、二〇一八年一月に全線が正式開通した、レール幅一四三五ミリメートルの標準軌の電化鉄道だ（以下、便宜的に「ＡＤ鉄道」と呼ぶ）。

ＡＤ鉄道は国際鉄道であり、内陸国であるエチオピアの首都アディスアベバと、アデン湾に面した港湾を持つ小国ジブチを結んでいる。路線の全長は七五二・七キロ。日本に置き換えれば東京～岡山間の新幹線の距離とほぼ等しい。ただし最高速度は時速一二〇キロメートル程度と、新幹線どころか東海道線の湘南新宿ラインと同じくらいの速さである。

「実際に乗ってみたところ、もっと遅い。時速八〇キロメートルくらいで、揺れも激しい電車でした。テロなどで治安の悪い地域を通過するためか、窓ガラスが一枚割られたままで走行していましたね。本数も少なくて、二日に一本。同じ車両が往復するダイヤなんです」（坂田）

2018年に開通したアディスアベバ・ジブチ鉄道
（写真提供：Twitterアカウント @yuhji40818）

そんなＡＤ鉄道は、実は中国がエチオピアに約四〇億ドルという巨額の借款を貸し付けて建設したものだ。もともと、アディスアベバ～ジブチ間は一九一七年にフランスが建設した在来線で結ばれていたが、老朽《ろうきゅう》化が激しく、路線の一部は万年運休状態。遅延も常態化していた（全線を移動するのに一～二週間もかかったという話すらある）。

ゆえに二〇一二年四月から、中国の国有ゼネコン大手・中国鉄建中国土木工程集団が施工を担当してＡＤ鉄道の建設がはじまった。坂田は車両や駅舎の印象についてこう話す。

「運転手は中国人。車掌は中国人とエチオピア人が交じっていましたね。車両自体も中国国鉄のものがそのまま使われています。駅舎の雰囲気も中国国内の新しい鉄道駅と完全に一緒です。駅名こそアムハラ語（エチオピアの公用語）と英語が併記される形ですが、その他の案内看板などは『中国語が上で英語が下』に書かれていました。構内に置かれた消火器の表記は中国語のみでした」

中国の影響は、首都アディスアベバではより濃厚となる。AD鉄道の開通に先立つ二〇一五年秋、市電である「アディスアベバ・ライトレール（LRT）」が開通しているのだ。

このLRTは、東西線にあたるグリーン路線と南北線にあたるブルー路線の二本があり、総延長距離は約三一・六キロメートル。それまでオンボロのバス路線しかなかったアディスアベバの劣悪《れつあく》な都市交通を改善したことで好評を得たが、建設資金である四・七五億ドルのうち、八五％は中国から貸与《たいよ》された借款だ。

総工費が約八六〇〇万ドルという、アディスアベバ市内の環状道路も中国の借款により整備された。ほかにも水力発電ダムの建設をはじめ、中国が構築にかかわったインフラは各方面に及ぶ。好調な経済を反映してか、市内では高層ビルの建設ラッシュが進むが、工事現場を観察すると「中国系のゼネコンが手がけるものが相当多い」（坂田）という。

――エチオピアはすでに「アフリカの中国（The China of Africa）」になった。

アメリカの通信社『ブルームバーグ』の二〇一八年五月二十九日付け記事はそんな見出し

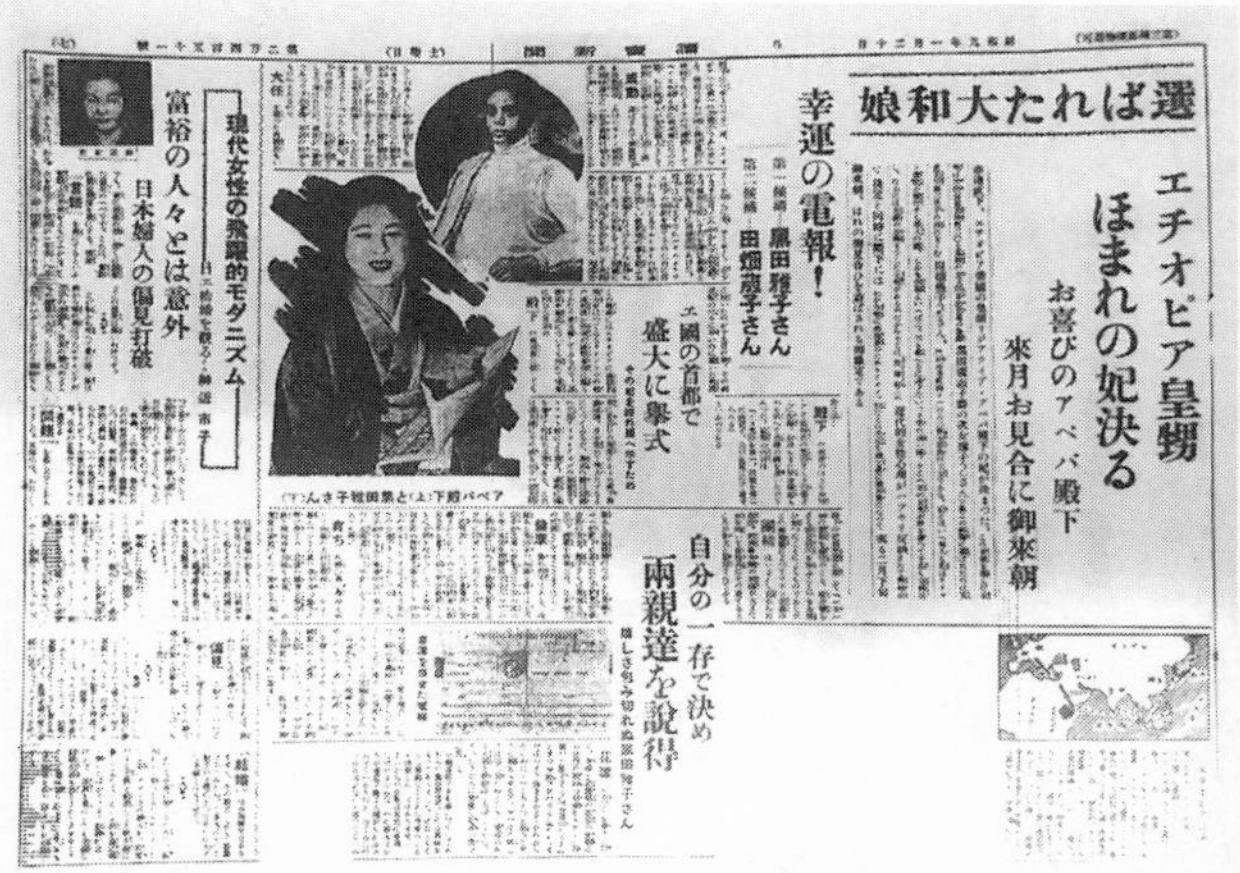

1933年、エチオピア王子が日本人女性をお妃の候補に挙げたことを報じる読売新聞（1934年1月20日付）
（出典：岡倉登志編著『エチオピアを知るための50章』[明石書店]）

を掲げている。さほど実態と乖離《かいり》した表現ではないだろう。

大日本帝国から中華帝国へ

エチオピアは歴史の古い国だ。もとは十三世紀から続くソロモン朝が支配する帝国で、一九三一年にはなんと大日本帝国憲法をモデルに「万世一系」の皇帝の大権を認めた憲法を定めたこともある。当時のエチオピアはアフリカ随一の親日国として知られ、一九三三年には王子のアラヤ・アベバが日本人女性をお妃に迎えようとしたほどである（その後の国際情勢の悪化で実現しなかったが）。アフリカではかなり珍しく、第二次大戦直前にイタリアから五年間の植民地支配を受けたほかは、国家の独立を保ってきた。

ただし政情は不安定だ。一九七四年に皇帝ハイレ・セラシエ一世が革命によって打倒された後、メンギスツ大統領による左派の独裁政権が成立。だが、深刻な飢餓《きが》とテロ・対外戦争が頻発した結果、九一年にはエチオピアに併合されていたエリトリアと協力したエチオピア人民革命民主戦線（ＥＰＲＤＦ）がアディスアベバに侵攻し、内戦に勝利して新体制を確立する。

このＥＰＲＤＦはエチオピア北部に多い少数民族ティグレ族の影響が強く、同党の政権奪取後は、人口比でわずか六％程度にすぎないティグレ系勢力が政治面で支配的な地位を占めるようになった。たとえば、エチオピアの首相は一九九五年から二〇一二年までティグレ族の出身者であるほか、実はＷＨＯ事務局長のテドロスもティグレ族の出身だ。

なお、国内多数派のオロモ族らによるティグレ支配への反発は強く、二〇一〇年代後半には二度にわたり非常事態宣言が出されるなど混乱が続いた。やがて二〇一八年に就任したオロモ族出身のアビィ・アハメド首相のもとで与党のティグレ色が薄められたのだが、今度はティグレ勢力が反発。二〇二〇年十一月にはついにエチオピア政府軍と、ＥＰＲＤＦの後進政党・繁栄党（後述）を離脱したティグレ人民解放戦線（ＴＰＬＦ）との間で武力衝突が発生している。

いっぽう、近年のエチオピア経済は毎年のGDP成長率が一〇%近いというめざましい経済発展を続けている。ただ、これは従来の貧困の裏返しでもあり、一人あたりGDPは二〇一八年でも約八五三ドル（ちなみに日本は約四万ドル）。エチオピアの悲願である中所得国入りは、まだまだゴールが遠い。

エチオピアは政治体制にも問題が多く、イギリスのエコノミスト・インテリジェント・ユニットが毎年発表する「民主主義指数」では、全世界一六七カ国のうち一二五位にとどまっている（日本は二四位）。報道の自由度ランキングや経済自由度ランキングなど、政治的自由の程度を示す他の指標の順位も同様に低い。

国民のインターネット閲覧の制限や非暴力デモの武力鎮圧、政府批判をおこなった人物の投獄なども横行しており、権威主義的な支配が敷かれている。二〇一八年からアビィ首相が民主化改革に着手し、二〇一九年十二月にはEPRDFを「繁栄党」という新党に生まれ変わらせたが、アビィ自身が暗殺未遂事件に遭い、さらに繁栄党への合流を拒否したティグレ勢力（TPLF）と政府軍との武力衝突まで起きるなど前途は非常に多難である。

このようにエチオピアの政治・経済基盤は脆弱であるため、長年にわたり先進国からの援助に頼ってきた。かつてはアメリカとイギリスが主要な援助国で、日本も三番目の援助ドナーだった。しかし、近年になり急速に存在感を増しているのが中国である。

中国の対外援助は西側諸国とは異なり、「内政不干渉」を理由に対象国の政治の民主化や人権状況の改善などを求めない（＝独裁国家でも気にせずにお金を出す）ため、援助を受ける側からは好評だ。ただし、中国の援助はその大部分が有利子の借款である。インフラ整備などの大型案件を取りまとめ、施工を中国業者におこなわせるパターンが多い。

アメリカのジョンズ・ホプキンス大学における中国アフリカ調査イニシアチブ（ＣＡＲＩ）の発表によると、二〇〇〇年から一七年までに中国がエチオピアに貸し付けた債務総額は一三七億ドル以上に達している。

これはアフリカの五六カ国中では第二位となっており、大産油国であるアンゴラの四二八億ドルに次ぐ高額だ（三位はケニアの九八億ドル）。この「借金漬け」のアフリカ三カ国はいずれも、二〇一〇年代にＡＤ鉄道をはじめ、中国による長距離鉄道の整備を受けたという共通点がある。

近年、エチオピアに対する中国の貸し付け攻勢は弱まっているが、ロイターなどの各メディアによれば、エチオピアの債務額は「ＧＤＰ（国内総生産）の五九％に及ぶ」ほどだ。

国営航空会社のエチオピア航空は、中国のコロナ禍が非常に深刻だった二〇二〇年二月ごろでも、世界の他の大部分のキャリアとは異なり中国への直行便を通常通り飛ばし続けていたのだが、これもエチオピアの「金主」である中国への配慮のひとつだろう。

援助攻勢と歩みを合わせるように、エチオピアと中国の経済関係も拡大中である。いまやエチオピアにとって、中国はアメリカを抑えて最大の貿易相手国だ。中国商務部の発表によれば、二〇一八年の中国・エチオピア間の輸出入総額は二八・七七億ドルに達している。

一九六〇年代の独立ラッシュと中国

日本ではあまり知られていないが、中国共産党は伝統的にアフリカへの関心が高い。中華人民共和国の建国から一九七〇年代ごろまでは、反植民地主義や第三世界諸国の連帯といったイデオロギーゆえに、アジア・アフリカ諸国との友好関係が重視されてきたからだ。

アフリカは一九六〇年代に一気に脱植民地化が進み、多数の新興国が独立したのだが、毛沢東のもとで反植民地主義を打ち出していた中国はこれらの諸国をいちはやく承認。このときの承認外交は、後に中国の国連復帰の際にも非常に有利に作用した（国連総会は一国一票である）。また、中国は一九七〇年代、文化大革命による混乱期にもかかわらず、タンザニアの主要都市ダルエスサラームと隣国ザンビアの都市カピリムポシを結ぶ「タンザン鉄道」の建設を援助するなど、損得を度外視した援助活動もおこなってきた。

中国はさらに、アフリカ諸国から一定数の留学生を受け入れ続けている。日本の芸能人としても知られる元ベナン共和国特命駐日大使のゾマホン・ルフィンや、同じくベナン出身の外交官で過去に日本で『さんまのＳＵＰＥＲからくりＴＶ』に出演していたアドゴニー・ロロ、日本でアフリカ系初の学長に就任した京都精華大学のウスビ・サコ学長（58ページ参照）など、実は日本で有名なアフリカ系著名人には、中国留学歴を持つエリートが多い（かつては中国留学後に日本に惹きつけられていたアフリカ系エリートたちを、バラエティ番組や総合格闘技のコンテンツとして消費してしまうことが多かった過去の日本の姿勢には反省点が多い）。

中国のアフリカ接近は一九九〇年代にいったん下火になった。だが、九七年のアジア通貨危機を通じて、中国が近隣諸国のみを重視する経済関係を見直したこともあって、二十一世紀に入るころからはマーケットの開拓や国威《こくい》発揚《はつよう》といった新しい目的によるアフリカ重視方針が再び強化されはじめた。

二〇〇〇年からは中国とアフリカ諸国間の首脳会議「中国・アフリカ協力フォーラム（ＦＯＣＡＣ）」が開催され、三年に一回の会議のたびに規模と参加国数が拡大している。アフリカ地域内における中国の存在感は、一三年に成立した習近平政権の海外進出戦略「一帯一路」のもとでいっそう高まった。

もっとも、エチオピアについては、実は他のアフリカ諸国と比べると中国と付き合った歴史そのものは浅い。かつて親西側的だったハイレ・セラシエ一世の帝政時代や、親ソ連的だったメンギスツ政権時代には、政治的要因ゆえに北京とは疎遠だったからだ。

エチオピアの対中接近が強まったのは、一九九〇年代にEPRDFが内戦に勝利して、現在まで続く新体制を成立させてからである。九五年にはメレス・ゼナウィ首相が、当時軌道に乗りつつあった中国の改革開放政策に強い関心を抱いて訪中。対して当時の中国国家主席だった江沢民も翌年にエチオピアを訪問し、九六年から両国間で経済・技術面を中心にさまざまな協力協定が結ばれていくことになった。

やがて二〇〇三年、中国はFOCACの第二回会議の開催地にアディスアベバを選び、両国の関係は大きく近づいていく。なお、FOCACの第一回は北京開催であり、エチオピアはアフリカ側での最初の開催国に選ばれた形だ。エチオピアは約一億人の人口を擁するサブサハラ（サハラ砂漠以南）の大国であることに加えて、アフリカの地域統合を図るアフリカ連合（AU）の本部はアディスアベバに置かれている。中国・エチオピア両国の急接近と蜜月化は、中国にとっても充分に大きなメリットがあった。

中国はアフリカに対する外交戦略のなかで、AUの国際的影響力を重視している。二〇〇六年に開かれたFOCAC第三回会議では、中国政府が約二億ドルの建設費を全額負担する形で、AUの新本部ビルの建設をおこなうことが決定された。

このAU新本部ビルは二〇一二年に完成し、アディスアベバ市内では最も高い建物となっている（もっとも一八年には、中国がビル内に盗聴網を仕掛けていた疑惑がフランス紙『ル・モンド』などで報じられた）。

テドロスの「忖度」の理由

コロナ禍の初期、中国に「忖度」するかのような発言を繰り返していたWHOのテドロス事務局長が、エチオピア政府で保健相と外相を歴任していたことはすでに書いた。

テドロスが外相を務めていた二〇一三年は、アディスアベバLRTやAD鉄道といった大規模インフラの建設のため、エチオピアの年別対中債務額が過去最高の六六億ドルを記録した年だ。

カンボジアやケニアなど他国においては、中国によるインフラ整備が腐敗と利権の温床となっている。施工を受注した中国企業が建設をおこなう実費と、中国が貸し付ける借款額はしばしば乖離《かいり》し、その差額がキックバックとして政府関係者の懐《ふところ》に収まる例も多い（たとえばケニアの場合、ＡＤ鉄道とそっくりの中国製鉄道「ＳＧＲ」の建設をめぐり巨額の収賄がなされた可能性が、首都ナイロビの地元紙や『ニューヨーク・タイムズ』などで指摘されている）。

エチオピアはカンボジアやケニアと比べれば比較的腐敗が少ないのだが、二〇二〇年の世界腐敗認識指数は一八〇地域中で九四位と、決してクリーンな国ともいえない。そもそも言論や報道の自由が制限されている権威主義国家であり、与党ＥＰＲＤＦ（当時）や党内のティグレ系勢力を監視するマスコミや世論の力もかなり弱い。

テドロスが中国利権に直接関係していたかは不明である。だが、彼自身も属するティグレ系の政治エスタブリッシュメント層にとって、中国が彼らの階層全体の利益に大きく関係していたことは想像に難《かた》くない（アビィ政権成立後にティグレ勢力の影響力は弱まったが、それでも長年の歴史的経緯から、エチオピアの公的ポストにはティグレ族がいまなお多い）。加えて書けば、テドロスのＷＨＯ事務局長への就任を強く後押ししたＡＵも、中国の強い影響下にある。

今回のコロナ禍におけるＷＨＯの「中国寄り」の姿勢の背景に、テドロスという人物のこうしたバックグラウンドからの影響を考えてみることは、決して邪推とまではいえないだろう。

中国・エチオピア両国の蜜月関係は、多くの日本人にとっては縁遠い。だが、それが回り回ってコロナ流行初期の国際的な封じ込め体制に一定の影響を及ぼすことになった。風が吹けば桶屋《おけや》が儲《もう》かるような話だ。しかし、こうした複雑怪奇な仕組みが生じてしまうのが、二十一世紀の現代世界なのかもしれない。

第五章

VS.オーストラリア

スパイとコロナ禍で「蜜月」から「対立」へ

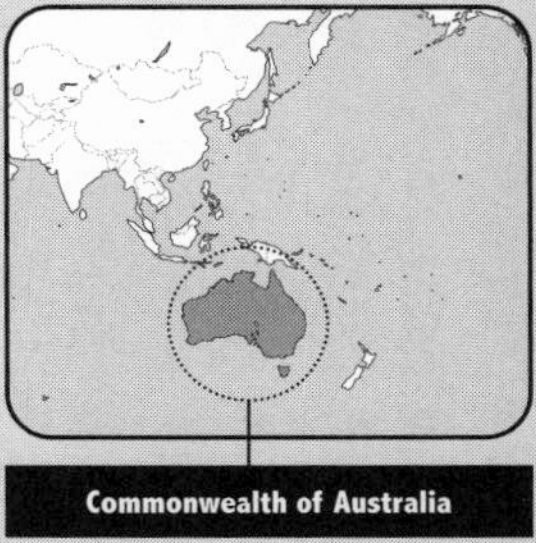

面積：769万2024平方キロメートル（日本の約20倍）
人口：約2565万人（2020年3月。出典：豪州統計局）

関連年表

1972年	中国・オーストラリア間で国交樹立
2015年	豪中自由貿易協定（FTA）が締結される
2016年	野党・労働党のサム・ダスティヤリ上院議員が、複数の中国人富豪から献金や利益供与を受けていたことが発覚
2017年	ダスティヤリ氏が議員辞職。マルコム・ターンブル首相が「中国による内政干渉」として強い不快感を表明
2020年4月	中国のコロナウイルス対応について、マリス・ペイン外相が透明性の欠如を批判。さらにその二日後、スコット・モリソン首相が中国寄りとされるWHOを排除した形の国際調査を提唱
2020年5月	中国、オーストラリアの大手食肉企業四社からの輸入停止を発表
2020年6月末	香港で国家安全維持法が導入される。オーストラリアは米、英、加とともに懸念を表明

オーストラリアは、日本人にとって身近な国のひとつだ。アメリカを介して間接的に同盟関係にあるうえ、英語圏の先進国でありながら東アジア諸国と時差がほとんどないことから、留学やワーキングホリデーの行き先としても人気が高い。

とはいえ、オーストラリア側から見て最も関係が深い東アジアの国は、いまや日本から中国に置き換わって久しい。オーストラリアは一九七二年に中国と国交を樹立して以来、良好な二国間関係を保ってきた。特にゼロ年代までは、基本的には中国に好意的ないっぽうで、チベット問題などの人権問題は批判するという「諍友《ヂエンヨウ》（諫言《かんげん》をおこなう友人）」のポジションを自認し、道義的にはクリーンな立ち位置にありながらも経済交流の恩恵は存分にこうむるという「おいしい」状況を享受してきた。

豪中両国の貿易規模は二〇一九年に、過去最高の約一五二〇億ドル（約一六・三兆円）に達した。オーストラリアにとっての中国は最大の貿易相手国で、特に輸出は約三分の一を中国に頼る。そもそも、オーストラリアは二〇二〇年のコロナ禍までは約三十年間にわたり経済成長を続けてきた稀有《けう》な先進国なのだが、これを後押ししたのも、中国からの旺盛《おうせい》な石炭や鉄鉱石の需要だった。加えてコロナ禍以前は、中国人の留学や観光旅行の受け入れによる経済効果も非常に大きかった。

だが、豪中関係は二〇一七年ごろから少しずつ隙間風《すきまかぜ》が吹きはじめ、二〇二〇年春からは最悪に近い状況に陥っている。この章ではその経緯と背景を詳しく見ていこう。

中国の激怒、オーストラリアの正義

〝われわれは開かれた経済活動をおこなっている国家だ。しかし、決して他者の強要に応じて自分たちの価値観を売り払うことはない〟

〝オーストラリアが常におこなうのは、自国の国益のために行動し、脅威に脅《おびや》かされないことだ〟

(Stephanie Dalzell "Scott Morrison says Australia won't respond to Chinese 'coercion' over warning about universities" ABC NEWS, 11 June. 2020
https://www.abc.net.au/news/2020-06-11/australia-morrison-china-respond-coercion-on-universities/12342924)

二〇二〇年六月十一日、スコット・モリソン豪首相は人気ラジオ局２ＧＢの番組中でこう発言している。現在のオーストラリアが貿易や観光などの各方面で中国当局から受け続けている圧力を「強要」というかなり踏み込んだ表現で非難した形だ。

対して中国側もオーストラリアに敵意を隠さず、中国共産党中央機関紙『人民日報』系列紙の『環球時報』は、同月十日と十一日に二日連続でオーストラリアを対象にした長文の批判記事や社説を掲載。特に十日の記事では「そこかしこで中国と敵対するオーストラリアはなぜアメリカの『付属国』に甘んじるのか」と、挑発的な見出しを掲げた。この記事は本文中でもねちねちとオーストラリアの対米追従を批判し続けており、強いいらだちを感じさせる内容だった。

悪化している豪中関係の背景に、二〇一八年から激化した中米間の貿易摩擦と政治的な対立があることは言うまでもない。ただ、イギリスや日本など他のアメリカの同盟国との関係以上に先鋭的な対立が生まれた直接の原因は、新型コロナウイルスのパンデミックにまつわるオーストラリアの対応だ。

まずは二〇二〇年四月十九日、オーストラリア外相のマリス・ペインが、中国当局のコロナ流行に関する初期対応について国際調査の必要性を訴え、中国側の透明性の欠如を強く批判。その二日後にはモリソン首相も各国首脳との電話会談のなかで、中国寄りとみなされていたＷＨＯ（世界保健機関）を排除した形での国際調査の必要性を主張した。このときオーストラリアが求めたコロナ独立調査委員会は、やがて五月になりＥＵからの提案という形をとって、ＷＨＯで全加盟国の一致を得て採択されることになる。

加えて六月五日、モリソン政権は自国への海外投資の審査厳格化を表明した（中国企業によるオーストラリア企業の買収や「爆投資」による経済支配を警戒したものとみられている）。また六月末には、中国が香港を対象に国家安全維持法を施行したことに対して、アメリカやイギリス・カナダなどの（ニュージーランドを除く）「ファイブアイズ」の同盟諸国と共同で懸念を示す声明を発表する。

オーストラリアにしてみれば、これまで中国と友好的な関係だったにせよ、「諍友」として民主主義や人権の理念を重視する行動をとったにすぎない。だが、こうした動きは現代の強大化した中国にとっては「そこかしこで中国と敵対する」許せない行為ということになる。

そこで中国が取った報復は露骨だった。

まずは二〇二〇年四月下旬、中国はオーストラリアに対するワインの輸入制限や、中国人観光客や留学生の送り出し制限を匂《にお》わせる。さらにオーストラリア側の姿勢が変わらないのをみると、五月十二日には複数の輸入牛肉に検疫違反が相次いで見つかったという口実で、オーストラリアの大手食肉企業四社からの輸入停止を発表。結果的に豪州産牛肉の約四割を締め出した。

さらに同月十八日には、大麦についても、オーストラリア側の補助金とダンピングが中国の国内産業の利益を大幅に損ねていると主張。中国商務部は今後五年間で、豪州産の大麦に反ダンピング関税七三・六％と反補助金関税六・九％の追加関税を課していくと発表した。つまり、中国に輸出される豪州産の大麦は合計八〇・五％もの高関税を掛けられることとなった。

また、魚介類やオートミール、果物、乳製品など他のオーストラリア製品についても、ダンピング調査や関税強化のターゲットにしたり、国民にボイコットを呼びかけたりする対象品目のリストアップが進められた。

六月十九日にはオーストラリア側で、モリソン首相が緊急記者会見を開き、オーストラリアの政府機関や公共サービス機関が「国家ベースの洗練されたサイバー攻撃」を受けていることを明らかにした。首相は中国を名指しこそしなかったが、状況証拠からは人民解放軍のサイバー部隊による「懲罰」攻撃がおこなわれた可能性がかなり高い。

モリソン首相はあくまでも中国の圧力を突っぱねる姿勢を見せている。とはいえ、コロナ禍による約三十年ぶりのリセッション（景気後退局面）に苦しむオーストラリアにとって、最大の貿易相手国からの経済的いやがらせは泣きっ面に蜂《はち》だ。

もっとも現在の事態に至るまでには、コロナ禍以前に数年間の「助走」期間が存在していた。

豪州を食い荒らす中国スパイ

一九七二年に同盟国のアメリカに先駆けて国交を結んで以来、オーストラリアは中国とかなり仲良く付き合ってきた。二〇一五年六月には豪中自由貿易協定（ＦＴＡ）に正式に調印し、中国の一帯一路政策の目玉であるアジアインフラ投資銀行（ＡＩＩＢ）への出資も表明。従来、オーストラリアは積極的に中国の経済発展の果実を得てきた国のひとつだった。

だが、こうした両国関係は、中国による露骨な浸透工作とスパイ活動が次々と明らかになることで悪化していく。

発端となったのは二〇一六年八月、最大野党であるオーストラリア労働党（ＡＬＰ）のサム・ダスティヤリ上院議員が、複数の中国人富豪から献金や利益供与を受けていた事実が明るみに出たことだ。中道左派の労働党は、二大政党制をとるオーストラリアの主要政党のひとつで、二〇〇七～一三年には与党だったこともある。一九八三年生まれのダスティヤリは、四歳のときにイランから両親に連れられてオーストラリアにやってきた移民の出身者で、事件発覚の当時は労働党のニューサウスウェールズ州の党代表。同党のダイバーシティ（多様性）を象徴する若手のホープだった。

日本でも邦訳が刊行されている、オーストラリア人ジャーナリストのクライブ・ハミルトンの著書（邦題『目に見えぬ侵略』飛鳥新社）によると、ダスティヤリと結びついていたのは、オーストラリア中国和平統一促進会の代表で不動産デベロッパーの黄向墨や、シドニー大学孔子学院理事で中国人民政治協商会議の海外代表委員でもある教育系実業家の祝敏申などの面々だ。なお、黄向墨が代表を務めるオーストラリア中国和平統一促進会は、中国共産党の対外インテリジェンス工作を担当する統一戦線部の影響下にあり（同様の組織は日本中国和平統一促進会など、日本を含めて世界各国に存在する）、また孔子学院は中国政府肝いりの語学や中国文化の教育施設である。

ダスティヤリはさまざまな経費を彼らに頼り、さらに黄向墨については自分の弁護士費用まで面倒を見てもらっていたうえ、その招きを受けて何度も中国を訪問している。

こうした便宜供与の結果なのか、ダスティヤリは二〇一四年ごろから、中国が尖閣諸島の

2017年12月12日、記者会見をおこなうサム・ダスティヤリ
（写真提供　EPA＝時事）

上空を自国の防空識別圏に含めたことへの賛意を示すようになり、南シナ海問題についても「オーストラリアは中立的立場をとるべきで、中国の意志を尊重すべき」と発言する。また、二〇一五年に労働党幹部が香港を訪問した際に、現地の民主活動家との面会をやめるよう圧力をかけたのも彼だといわれる。

さらに、ダスティヤリや同じく労働党内の親中派ロビイストであるエリック・ローゼンダールらは、複数の閣僚経験者を含む労働党の政治家を、中国共産党系の華僑組織や黄向墨らの政商たちに引き合わせている。

なかでも元外相で労働党の重鎮《じゅうちん》であるボブ・カーは、黄向墨がシドニー工科大学に一八〇万豪ドルを寄付して設立に協力したオーストラリア中国関係研究所の所長におさまり「ベイジン・ボブ（北京のボブ）」と呼ばれるほどのパンダ・ハガー（親中派）になった。カーは、尖閣諸島をめぐり日中両国が紛争に陥った場合に、オーストラリアはたとえアメリカから参戦を求められても中立を維持するべきだと再三主張している。

いっぽう、黄向墨らの中国人政商たちは、中道右派の与党オーストラリア自由党にも盛んに献金。二〇一七年六月時点で明らかになっただけで、黄向墨たちから与野党両党に流れ込んだ金額は過去十年間で六七〇万豪ドル（約四・九億円）に達したとみられている。

こうした騒動の結果、ダスティヤリは二〇一八年一月に議員を辞職。事態を受けた自由党政権のマルコム・ターンブル首相（当時）は「中国による内政干渉」として強い不快感を表明し、これによってオーストラリアは従来の方針を転換していくことになる。

翌年六月には外国のスパイ活動や内政干渉の阻止を目的とした複数の法律を整備。さらに八月には、次世代高速通信5Gのインフラ整備にあたって、中国IT機器大手のファーウェイとZTEの参入を国家安全保障の観点から禁じることを表明した。

いっぽう、こうした動きを受けた中国はオーストラリアを激しく非難。両国の蜜月《みつげつ》関係は終わりを告げる。前述したコロナ禍のなかの豪中対立は、それまで拡大しつつあった不協和音に最後の一撃が加わったものだと考えてもいい。

多文化主義が中国の浸透工作を招いた

〝陳用林は、オーストラリアの開放性、比較的少ない人口、大規模な中国系移民、そして多文化主義への取り組みなどが、われわれオーストラリア人がこの脅威を認識して防御する力を落としていると指摘している。端的にいえば、われわれはあまりにも開放しすぎてしまったということだ〟

こちらは『目に見えぬ侵略』邦訳版の一八ページに登場する一節だ。文中の「陳用林」とは、もともと在シドニー中国領事館員で、二〇〇五年に赴任地であるオーストラリアに亡命をおこなった人物である。

オーストラリアは日本の約二十倍の国土を持つが、人口は約二五〇〇万人と、北朝鮮の人口規模と同じ程度にとどまる。もとは白豪主義を掲げて白人系移民を多く受け入れてきたが、一九七〇年代からはアジア人移民に門戸を開放。今世紀に入ってからは中国人移民を多数受け入れ、いまや華人系の国民は人口の五％近い約一二〇万人に達している。

第八章で紹介するカナダとは違い、華人系議員の政界進出はまだ低調だが、二〇一九年五月十三日付の『朝日新聞』記事は、総選挙を控えたオーストラリアで華人票の動向が注目され、候補者らが取り込みに必死になっていると伝えている。二大政党制のもとで左右の大政党が拮抗《きっこう》するこの国では、激戦になる選挙区が生まれやすく、華人票がキャスティングボートを握るケースが多々ある。また、親北京的な華人系団体が州議員や連邦議員に盛んに接触していることもすでに見てきた通りだ。

いっぽう、中国はこうしたオーストラリアを、アメリカの主要同盟国のなかのウイークポイントとして、熱心に浸透工作を進めてきたとされている。

事実、ポリティカル・コレクトネス（政治的正しさ）を重視して多文化共生主義を肯定するオーストラリアの社会で、中国の脅威を指摘する言説は、しばしば人種差別的・排外主義的な言動として糾弾《きゆうだん》されてしまう。二〇二〇年五月、コロナ流行の国際調査に反発する中国が、再三にわたりオーストラリア国内の中国人差別を訴えてみせたのも、この国の良心的な世論を刺激することで対中強硬論を中和させたい狙いがあったためだろう。

オーストラリアは、経済力や国土の大きさに比して、軍事力や防諜《ぼうちょう》体制が脆弱な国だ。ゆえに平和的な雰囲気が強く、英米両国以上にリベラルで開放的な民主主義社会が成立していることが大きな魅力となっている。だが、こうした「ゆるい」魅力それ自体が、中国の介入を容易にする弱みとなっているのは、大きな皮肉と言うよりほかない。

日本から見た場合、同じ西太平洋に面するオーストラリアの地政学的な重要性は高い。中国に翻弄《ほんろう》されるオーストラリアの動向は、日本にとってもかなり気にかかるところだ。

column 2

スパイ養成機関？　孔子学院をスパイする

社会主義国家である中国では、ビジネスや文化交流などあらゆるものが政治と紐付く可能性を持っている。たとえ民間企業や民間組織であっても、活動が一定規模まで拡大すると、なんらかの形で「党の指導」を受けてマルクス・レーニン主義の政治体制の枠組みに組み込まれるのが普通だ（どの程度まで「党の指導」を受けているかはともかく、中国系ＩＴ大手のファーウェイやアリババも政治の影響はゼロではない）。

特に海外に進出している組織の場合は、現地に中国共産党のシンパを増やしたり党の価値観をアピールしたりする統一戦線工作の一部を担うことが多い。

従来、西側先進国における中国のこうした動きは、各国の警戒心の薄さもあって基本的に黙認されてきた。ただ、近年は米中関係の悪化もあって、かえって過剰反応ではないかとも思えるような排除の動きが出るようになっている。

その最たるものは、中国当局への情報漏洩《ろうえい》が噂されたファーウェイへのバッシングだろう。また、文化交流分野であれば、本コラムで紹介する孔子学院や、海外高度人材の中国への招聘プロジェクトである千人計画も槍玉に挙げられやすい。いずれも、実際に中国の統戦工作や軍事・インテリジェンスと関係していることを明確に証明するような証拠は出ていないにもかかわらず、アメリカを中心に排除の動きが広がっている。

孔子学院は、全世界一五〇カ国以上で約五五〇施設を展開する、中国語と中国文化の教育機関だ。中国教育部傘下の国家対外漢語教学領導小組辦公室（国家漢辦《グオジヤーハンバン》）により主管され、日本国内でも立命館大学や桜美林大学・早稲田大学などに合計一五校ほどが開設されている。

だが、アメリカやカナダでは二〇一七年～一八年ごろから、天安門事件やチベット問題、台湾問題などについて中国政府の主張に沿った宣伝活動がおこなわれているとして、孔子学院が相次いで閉鎖されるようになった。

米中関係がいっそう悪化した二〇二〇年八月には、アメリカのポンペオ前国務長官が「中国共産党による世界規模の影響力浸透工作の重要な一角」「プロパガンダ機関」と、孔子学院を名指しで警戒対象としている。

「プロパガンダ機関」のリモート講義

さて、このように剣呑《けんのん》な話ばかりが聞こえてくる孔子学院に、私は以前から潜入してみたかった。いかなるプロパガンダ教育がおこなわれているのか、実際に受講して確かめてみたいと思ったのだ。

そして、二〇二〇年になり意外な機会が訪れた。新型コロナウイルスの流行にともなう大学施設の閉鎖を受けて、日本国内の一部の孔子学院がZOOMを使ったリモート講義を実施するようになったのだ。締め切りに追われる日々のなかで毎週キャンパスに足を運ぶのは大変だが、リモート講義ならばなんとかなるだろう。かくして、私は在宅で潜入取材をおこなうことにしたのだった。

孔子学院の受講費用は各校でまちまちだ。調べてみると、都内にある私立M大学の孔子学院は、週一回九〇分間の講義を半年間で一六回受講できて、半年間の学費はなんと総額三万七八四〇円である。卒業生割引を使える母校（立命館大学）の孔子学院よりもさらに六〇〇〇円以上も安かったので、私はM大で学ぶことにした。

M大の事務局にメールを送ったところ、まずは講師によるレベルチェックがおこなわれた。二〇二〇年九月十七日の夜に自宅でZOOMに接続すると、画面にあらわれたのはLさんという、のんびりした口調の壮年の中国人男性だった（後に彼が担当講師となる）。

「コロナの影響で活きた中国語に触れる機会が減りまして……」

そうした会話をすこしおこなったところ、私は最上級の通訳実践講座に割り振られた。

老師らしい老師に教わる

「いやあ、私の若いころは、中国人が日本語を勉強するのは商売やキャリアアップのためと決まっていたものなんだがねえ。最近の若い子はアニメが好きだから勉強するようになった。驚くべき変化だよ」

レベルチェックから一週間後、私はZOOMの画面のなかで昔話を語るLさん――もといL老師の言葉に耳を傾けていた。

なお、「先生」は中国語で「老師《ラオシー》」と呼ぶ。たとえ相手が二十歳のお姉さんでも「老師」だが、このL老師は一九八〇年代ごろに華北のある地方都市のラジオ局でアナウンサーとして働いておられた大ベテランであり、いかにも老師らしい雰囲気を漂わせる老師であった。

いっぽう、いっしょに講義を受ける同学《トンシユエ》（クラスメイト）は、中国の国営放送のアナウンサーばりの完璧な発音で音読をおこなう二十代の社会人女性Aさん、もともとL老師の教え子であるらしいM大学の女子大生Bさん、毛沢東の生前を知っている六十代くらいのおじさんCさん、そして他大学の女子大生であるRさんと私である。なお、Rさんは私の友人で、一緒に孔子学院潜入作戦に加わっている人物だ。

個性的な同学たちのなかでも努力家のAさんは非常にレベルが高く、標準中国語の発音の音韻《おんいん》の美しさや、ことわざなど座学で身につける表現の語彙力は私を上回っていた。この手の語学教室で、実力が伯仲する相手と競い合える状況は珍しい。良好な学習環境と言っていいだろう。

ちなみに、中国ルポライターである私は、中国関連の分野ではそれなりに名前と顔が知られている。だが、通称「中国共産党による世界規模の影響力浸透工作の重要な一角」にもかかわらず、L老師は講義三回目くらいまで私の正体に気づいていない様子で、授業はマイペースかつアットホームに進められた。自宅で講義をおこなっているらしく、彼の隣の部屋からは孫か親戚の子らしい幼児がはしゃぐ声が聞こえてくる。

意外と本気で「孔子学院」だった

私が受講した通訳実践講座の内容は、日本語のニュース文を即興で翻訳する、逆にニュース文を音読する、通訳者の心得のような内容を中国語で解説されるといったものだった。

英会話教室などでありがちな「週末はどう過ごした？」といった会話はほぼない。受講生が自分で語るケースを除けば、各人の職業や所在地、結婚の有無、正確な年齢といった個人情報は半年間の講義を通じて不明のままだ。私も自分の職業について詳しくは話さなかった。

いっぽう講義のなかで驚かされたのは、中国の子どもの文字学習のなかで伝統的に使われてきた『三字経《さんじきょう》』や『千字文《せんじもん》』（いずれも日本の「いろは歌」に相当する）をはじめ、儒教の経書『大学』、宋の司馬光が著した歴史書『資治通鑑《しじつがん》』など、さまざまな古典の音読をかなりみっちりやらされたことだ。こうした古典の素読《そどく》は、往年の日本の寺子屋や、王朝時代の中国の官僚登用試験である科挙《かきょ》の受験勉強の初歩としても盛んにおこなわれた学習法である。

「イデオロギーの話はともかくとして、国学《グオシユエ》（漢学）のレベルは台湾のほうが高いよねえ」

そう話すL老師の個人的な趣味なのか、中国のソフトパワー外交を進めたい孔子学院が全体として決めているカリキュラムにもとづく教育なのかは不明だ。ただ、外国語の発音練習は通常は無味乾燥なものなので、どうせやるなら格調高いテキストを読めるほうがありがたい。孔子学院は意外と、文字通りの意味で「孔子学院」だったのである。

また、講義で紹介される現代文学のテキストは、中国の小学校高学年か中学生の教科書に掲載されている文章らしく、文学賞レベルの作家のエッセイがどんどん出てくる。こちらもかなり勉強になった。

逆に驚いたのは、現代の中国国内では街のあらゆる場所で目にする社会主義核心価値観（富強、民主、文明、和諧、自由、平等、公正、法治、愛国、敬業、誠信、友善の二四字からなる習政権のスローガン）や、『習近平談治国理政』などの習近平の関連文献にまったく触れなかったことだ。もともと、中国でこうした中国共産党のイデオロギー宣伝や習近平への個人崇拝の奨励は中国国民に向けてなされており、外国人に対してはむしろ見せたがらない傾向が強いのだが、これは孔子学院でも同様らしい。

もっともL老師の講義では、中国語学習者にはおなじみの党中央機関紙『人民日報』の文章ですら、半年間で一～二回、ニュース読解のなかで出たかどうかである。半年間の講義のなかで多少はイデオロギーを感じたのは、テキストのなかで台湾が「中国台湾」と中国国内の呼称で呼ばれていたことくらいだった（とはいえ台湾の話題が出たのは一回きりだ）。

他に政治的な匂いを感じたシーンといえば、一九五七年に周恩来に面会した日本の日中友好人士のエピソードと、鄧小平が一九七八年に訪日したときのスピーチがテキストに登場したことだ。ただ、いずれも大昔の話である。いまどき「周総理は○○さんに『人民群衆のための芸術をおこないなさい』とおっしゃいました」といった文章を読んで、中国共産党に強いあこがれを抱くような受講生がいるとは思えない。一連の講義は、実質的にはイデオロギー色はほとんどない内容だったと言っていい。

また、L老師の講義は、毎回それなりの時間をかけた予復習を必要とする程度には難しいものの、難解すぎてついていけないほどではなかった。つまり、自分が耐えられるギリギリの水準で絶妙な負荷がかかる、巧みな教え方がなされていたということだ。

半年間の学費が四万円足らずであることを考えれば、信じられないほど内容がいい。

意識の低いチェーン店「沙県小吃」との共通点

受講を終えてから詳しく調べてみると、日本の各大学の孔子学院は、M大学と立命館大学（学外者の場合）で半年間のオンライン講義の学費が一万六〇〇〇円も違っていたり、桜美林大学のように二〇二〇年度はまるごと休講していたり、地方私大などでは中級コースまでしか開設していなかったりと、中国国家の世界政策の一端とは思えないほど運営方針に統一感が欠けている。

各地の孔子学院の公式ホームページの様式も完全にバラバラだ。立命館大学やM大学はページの作りがしっかりしていてカリキュラムや受講方法がわかりやすいが、工学院大学や愛知大学はややわかりにくい。なかには岡山商科大学のように、内容が実質的にほとんどなくPDFファイルがアップロードされているだけ……という施設すらある（二〇二一年一月当時。その後、孔子学院を閉鎖・縮小した大学も何校かある模様だ）。

「孔子学院」というブランドの看板は借りているものの、各地の運営実態は大きく異なる。

ここから私が連想するのは、中国全土に六万店を擁する同国最大のファーストフードチェーン「沙県小吃《シヤーシエンシヤオチー》」だ。各店舗の看板も店内インテリアも、価格やメニューも完全にバラバラで、チェーンとしての統一感はゼロという、いかにも中国のローカル社会っぽいユルい雰囲気が漂う飲食店である。

チェーンの元締め的な存在である福建省の沙県政府は、個々の店舗の経営には関与せず、「沙県小吃」の看板のもとで何をやるかはフランチャイズオーナーの裁量に任されている。日本でいえば、一昔前までの「餃子《ぎようざ》の王将」が、比較的このイメージに近いだろうか。

孔子学院についてもこれらと同様に、各大学や各講師ごとの裁量がかなり大きいのではないかと思える。M大学のL老師に当たった私は、きっと大当たりだったのである。

スパイ養成機関、求む

事実、かつて劉暁波《リユウシヤオボー》や王丹の翻訳・通訳を何度も担当した経験を持つ中国民主派シンパの日本人研究者が、二〇一八年ごろまで某大学の孔子学院の講師に配属されていたという驚くべき実例も存在する。なお、劉暁波は二〇〇八年に民主化アピール「〇八憲章」を発表してノーベル平和賞を受賞した中国民主化運動の精神的指導者（二〇一七年に病死）

で、王丹は六四天安門事件の学生リーダーの筆頭格だった人物だ。

この日本人研究者は、講演を一回頼まれただけといったレベルではなく、孔子学院で通年の講義を担当していた本物の「講師」だった。おそらく大学側の人事的な都合から、中国語担当教員が孔子学院にも配属されたと思われるが、「中国共産党による世界規模の影響力浸透工作の重要な一角」であるはずの、孔子学院の意外とゆるい運営実態が垣間見えるエピソードではある。

もっとも、各機関・講師の裁量が大きいということは、上記とは逆のパターンもあり得るということだ。事実、日本の各校の孔子学院の幹部や講師陣の経歴をよく調べると、中国共産党の統一戦線工作を担当する団体との関係が疑われる事例が数多く見つかる（共産党の衛星政党である中国致公党との関係は拙著『現代中国の秘密結社』［中公新書ラクレ］参照）。

とはいえ、中国政府の対外政策のおかげで学費は激安。なのに、レベルは非常に高い。中国人民の血税を使って自分のスキルアップができると考えれば、あえて孔子学院で学んでみるのもなかなか悪くない。

第六章

VS.セントビンセント及びグレナディーン諸島

「市議会」レベルの国会をめぐる中台対立

Saint Vincent and the Grenadines

面積：390平方キロメートル
（熊本市や山形市とほぼ同じ）（世銀）
人口：11.0万人（2019年　世銀）

関連年表

1971年	中国、国連に加盟。台湾は国連から脱退
1972年	日中国交正常化
1979年	セントビンセント及びグレナディーン諸島（以下セントビンセント）、イギリスより独立
1981年	セントビンセント、台湾と国交樹立
2016年	野党・新民主党のユースタス党首が「自分たちが政権を奪回すれば、中国と国交を結ぶ」と発言
2016～19年	台湾と国交を断絶する国が相次ぐ
2019年	セントビンセント、東アジアで最初の在外大使館を台北市内に開設

人口11万人の小国

セントビンセント及びグレナディーン諸島、という国をご存知だろうか。非常に説明的な名前だが、れっきとした国家の正式名称である。

この国はカリブ海東部に浮かぶ小アンティル諸島を構成する島国のひとつで、国土は主島であるセントビンセント島と、三〇以上に及ぶサンゴ礁の島々（グレナディーン諸島）からなる。以下、本稿では便宜的《べんぎてき》に「セントビンセント」と呼ぶことにしよう。

すこし前に映画『パイレーツ・オブ・カリビアン』（二〇〇三年公開）のロケ地に選ばれたことでやや名前が知られたものの、セントビンセントは絵に描いたような小国（ミニ国家）である。面積は約三九〇平方キロメートルで、おおむね熊本市や山形市と同程度だ。

歴史上、イギリスとフランスの間で何度か帰属が変わり、最終的には一九七九年にイギリスから独立。現在もエリザベス二世を形式的な元首として戴《いただ》く英連邦の構成国である。政治は民主主義体制で、左派の与党・統一労働党（ＵＬＰ）と、中道右派の野党・新民主党（ＮＤＰ）の二大政党制をとっているが、なにぶん国民人口が約一一万人しかいないため、規模としては市議会とあまり変わらない。

国家の規模が小さすぎるため、近隣の小国とカリブ共同体（CARICOM）や、より加盟国を限定した東カリブ諸国機構（OECS）という地域統合組織を作って通貨（東カリブ・ドル）や裁判所（東カリブ最高裁判所［ECSC］）を共有し、アメリカの軍事的影響下で地域安全保障システムを構築して、脆弱な軍事力を補っている。

主要産業はバナナ生産と観光業だ。もっとも、これらも活発とは言い難く、一人あたりGDPは七三六一ドル（二〇一八年）程度の中進国水準にとどまる。

日本との縁も薄い。日本国の大使は常駐しておらず、約二〇〇キロ南にあるトリニダード・トバゴの日本大使館がセントビンセントの大使館業務を兼務している。日本の法務省のデータを確認すると、わが国で暮らすセントビンセント国籍の人はわずか七人（二〇一九年）で、逆にセントビンセントで暮らす日本人も三人（二〇一八年）しかいない。

台湾が「乗り換え」のため必要な国々

だが、中華圏の視点から見た場合、セントビンセントはかなり興味深い国である。

在セントビンセント日本大使館が発表した国家概況データを見ると、セントビンセントは現代の国家としては非常に珍しく、主要輸出入相手国のリスト上位に「中国」が入っていない。かわりに輸入の第四位に名を連ねているのは、なんと台湾（シェア六・八%）である。

それもそのはずで、実はセントビンセントは台湾を正式に国家承認しているという、世界でも非常に珍しい国なのだ。ゆえに、台湾はセントビンセントの首都キングスタウンに中華民国大使館を堂々と開設。対してセントビンセント側も、二〇一九年八月八日に東アジアで最初の在外大使館を台北市内に開設させた。

なお、カリブ海諸国では他にも、小アンティル諸島の近隣国であるセントクリストファー・ネイビス（セントキッツ）やセントルシア、さらに北方の大アンティル諸島のイスパニョーラ島にあるハイチが台湾を国家承認している。これらのカリブ四カ国はいずれも日本とも国交を持っているが、ハイチを除いて日本国内には大使を常駐させておらず、近隣国では台北だけに大使館を置いている。これらのカリブの小国たちは、日本よりも台湾との外交関係を重視しているのだ。

いっぽうで台湾にとっても、中南米の国家群は他の地域にも増して重要な政治的意味を持っている。それは「乗り換え」だ。

細かい事情は後述するが、台湾（中華民国）は中国（中華人民共和国）との関係上、世界の大部分の国家と正式な国交を持てない状態に置かれている。そのため中華民国の総統（大統領）は、事実上の後ろ盾であるはずのアメリカにすら、堂々と訪問することができない――。

だが、物事には常に抜け道がある。

それは、中華民国総統がセントビンセントのような中南米の友好国に外遊する際に、飛行機の「乗り換え」をする（トランジット）という名目で、アメリカで降機することだ。これによって、本来は国交を持たないはずのアメリカに、台湾の指導者が短期訪問することが可能になる。

一応、アメリカ当局は台湾の指導者がトランジットをおこなうたびに「私的な滞在」であると説明するのが通例なのだが、実際は米台双方の政府関係者の接触が非公式におこなわれている。

二〇一九年七月にも、総統再選を控えた蔡英文《さいえいぶん》が「自由民主永続之旅」と銘打《めいう》ってハイチ、セントキッツ、セントビンセント、セントルシアをめぐるカリブ外遊に出発。この際にも蔡英文は、往路と復路でそれぞれ二泊ずつアメリカに滞在している。

翌月、アメリカは台湾に対して六六機の戦闘機F－16の売却を認めており、台湾の国内では、「訪米」の結果としてアメリカが蔡英文の再選にゴーを出したメッセージであったと受け止められた。

台湾と国交を持つ中南米の小国たちは、その国自体の価値以上に、米台接触の口実を作るうえで重要な役割を担っているというわけだ。

なかでもセントビンセントは、二〇一九年六月に国連安保理の非常任理事国に選出（任期は二年間）されている。現在の台湾にとっては、ヨーロッパ唯一の承認国であるバチカンに次ぎ、重要な政治的価値を持つ友邦と言っていいだろう。

中国が「札束外交」を批判した時代

ところで、第三国が台湾（中華民国）と中国（中華人民共和国）の両国を同時に承認できないことはよく知られている。同じように冷戦下で形成された他の分断国家である旧東西ドイツや、韓国・北朝鮮などと比べても、非常に厳格なルールだと言っていい。

これは一九四九年の中華人民共和国の成立以降、中国側が自国と外交関係を結ぶ条件として「蔣匪《ジャンフェイ》」（蔣介石匪賊＝中華民国）との断交を相手国に求め、また台湾側も「共匪《ゴンフェイ》」（共産匪賊＝中華人民共和国）と国交を結んだ国と断交してきた名残である。台湾は一九九〇年代の民主化後、穏健《おんけん》な現実路線に外交姿勢を転換したが、中国側は「ひとつの中国」の原則に固執し、他国に対して中台の二者択一を求め続けている。

かつて一九六九年の時点では、全世界で中国を承認する国はわずか四七カ国で、対して台湾を承認する国は七〇カ国に及んでいた。だが、一九七一年の中国の国連加盟（台湾の国連脱退）や翌年のニクソン訪中・日中国交正常化などを経て、風向きは大きく変わる。

やがて米中間に国交が結ばれた一九七九年には、一二一カ国が中国を承認するようになったのに対して、台湾を承認する国は二二カ国と、圧倒的な差がつくようになった。さらに一九九〇年代にはサウジアラビアや韓国、南アフリカなどが次々と台湾と断交し、台湾を承認する主要国は存在しなくなった。

もっとも、台湾側も手をこまねいていたわけではない。台湾は一九八〇〜九〇年代にかけて、自国と外交関係を結んでくれる国家を活発に新規開拓するようになり、中南米やアフリカ・南太平洋の小国や新興国に接近。国家承認を次々と取り付けるようになった。

他ならぬセントビンセントも、独立からわずか二年後の一九八一年に台湾と国交を結んでいる。数年後にはセントキッツやセントルシアなどの近隣国もそれに続いた。

こうした動きの背景にあったのは、当時の台湾の強力な経済力だ。アジアNIESの一角を占める高度経済成長に湧《わ》いていた台湾は、一九九二年にはドイツに次ぐ世界二位の外貨準備高を記録し、豊かさを武器に徹底した援助攻勢を展開したのである。

第三世界の小国のなかには、当時の台湾になびく国も少なからず存在し、李登輝《りとうき》政権下の一九九〇年代の台湾は、最多で三〇カ国もの承認国を獲得するに至った（日本ではあまり知られていないが、前出のトランジット外交の活発化など、当時の李登輝の外交には功績が多い）。対して、この時代の中国は天安門事件前後の政治的混乱から抜けきれず、資金力にも限りがあったことから、しばしば台湾の後塵《こうじん》を拝した。現在では考えられない話だが、台湾が経済力を武器に承認国を拡大する行為を、なんと中国が「銀弾外交（札束外交）」と呼んで批判する局面すらみられたのだ。

もっとも、中台間の力関係はほどなく逆転する。政権基盤の弱い民進党の陳水扁《ちんすいへん》政権（二〇〇〇～二〇〇八年）が台湾で成立すると、中国の巻き返しによって北マケドニア、チャド、コスタリカなどの各国が台湾から離反した。また、中台両岸が札束を積み合う陣取り合戦を前に、セネガルや中央アフリカ、セントルシアなど、断交と国交樹立を繰り返して小銭を稼ぐ不届きな国も少なからず現れるようになった。

その後、国民党の馬英九《ばえいきゅう》政権（二〇〇八～二〇一六年）が成立すると、中国との不毛な承認合戦を避ける方針（「活路外交」）が提唱され、また中国側も馬政権との関係が良好だったことから、陳政権時代のような強引な国交剝奪《はくだつ》作戦は停止されることになった。

だが、二〇一六年に民進党の蔡英文政権が成立すると、中国の攻勢は再び活発化する。もはや中台間の経済力は完全に逆転しており、台湾は防戦一方になった。世界の「小国」たちにしてみれば、中国と国交を結ぶことは単純に援助を得られるのみならず、投資や観光客の誘致の面でも旨味《うまみ》が大きかったのである。

四年の間に起きた「断交ドミノ」

蔡政権が成立した時点では二二カ国あった台湾を承認する国家は、わずか四年間で一五カ国に激減した。以下、「断交ドミノ」が続いた七カ国について簡単に見ておこう。

《サントメ・プリンシペ》　人口二一万人の西アフリカの島国。サントメ側から二億一〇〇〇万ドルの資金援助を要求された際、蔡英文は台湾が中国を相手に援助マネーレースをおこなう必要はないと判断して拒否。結果、二〇一六年十二月にサントメ側が断交を通告した。突然の法外な金額の要求は、中国の意向を受けた行動だったとも言われている。

《パナマ》　地政学的に重要なパナマ運河を抱え、清朝の時代から一〇〇年以上も中華民国

（台湾）と外交関係を保持していた重要な国家だったが、二〇一七年六月に断交。蔡英文は前年六月の総統就任後の最初の外遊先にパナマを選ぶなど、同国を非常に重視する姿勢を示していたため、顔に泥を塗《ぬ》られる形になった。

《ドミニカ共和国》　一九四一年の国交樹立以来、七十七年にわたり国交を保ってきたカリブ海の国家。二〇一八年五月にドミニカ共和国側から台湾に一方的な国交断絶通告がなされた。中国からインフラ開発に三〇億ドル規模の支援を約束されていたともいう。この年の三月、アメリカで、全階級の政府関係者の台湾訪問を認める台湾旅行法が可決されており、中国側の報復措置が背後にあったとみられている。

《ブルキナファソ》　西アフリカの国家。二〇一八年五月、ドミニカ共和国の断交から二十三日後にこちらも突然の断交。

《エルサルバドル》　中米の国家で、中華民国（台湾）とは一九三三年から国交を結んできたが、二〇一八年八月に断交。二〇一七年一月に蔡英文が外遊したばかりであり、二〇一八年七月には外交部長の呉釗燮《ごしょうしょう》が断交を思いとどまるようにエルサルバドル訪問をおこなっていたが、港湾開発や政権与党の選挙の資金として巨額の援助を要求され、台湾側が受け入れなかったことで断交となった。

《ソロモン諸島》　南太平洋の島国。二〇一九年九月にマネレ外相が訪台。だが、その帰国からわずか四日後に断交を発表。同国に影響力を持つアメリカやオーストラリアからの説得を振り切っての断交だった。実はソロモン諸島は同年六月ごろから中国と台湾をはかりにかける姿勢を見せており、中国が外交関係の切り替えの見返りに五億ドルの資金援助を提案していたことが理由だとする説もある。

《キリバス》　同じく南太平洋の島国。二〇一九年九月、ソロモン諸島の断交発表からほどなく、こちらも台湾との外交関係を終了した。

理由は習近平の嫌がらせ

蔡英文の総統就任後に断交ラッシュが起きた理由は、台湾アイデンティティが強い民進党の蔡政権に対する揺さぶりや、トランプ政権下でのアメリカと台湾の接近を牽制《けんせい》する目的から、中国が仕掛けた嫌がらせである。その国の政府関係者が蔡英文や呉釗燮（外交部長）と面会した直後にあえて断交を発表させ、台湾側の面子《めんつ》を潰してみせるなど、意地の悪い行為を念入りにおこなっているのが特徴だ。

もっとも、この断交ラッシュの裏には、米中対立の激化や中国の外交姿勢の変化という、台湾問題よりさらにマクロな事情も垣間《かいま》見える。そもそも、これまで台湾と国交を結んできた国の大部分は、アメリカの政治的・軍事的な影響力が非常に強い南太平洋やカリブ海・中南米諸国に集中してきた。

対して中国の外交は、二〇一〇年ごろまでは鄧小平以来の「韜光養晦《とうこうようかい》（能ある鷹は爪を隠す）」方針が取られ、挑発的な行動が比較的抑制されてきたのだが、習近平政権下ではこれが変更された。すなわち、アメリカの「縄張り」に対しても情け容赦《ようしゃ》のない切り取り工作がおこなわれるようになったのだ。

中国は二〇一五年一月、北京で「第一回　中国―ラテンアメリカ・カリブ共同体フォーラム」と題したイベントを開催し、中国と正式な国交を持たない（＝台湾を承認する）諸国の参加も歓迎したことで、一気に中南米諸国に食い込んだ。また、中国による台湾の友好国の切り崩しが特に活発化したのは二〇一八年五月からだが、これは米中両国の対立が激化しはじめた時期とほぼ一致している。

ちなみに、ある国が台湾と断交をおこなう場合、おおむね数週間～数カ月前に両国関係の危機を伝える報道が台湾側で流れ、台湾の外交部長（外相）や総統がそれを打ち消す声明を出すものの、結果的に断交が発表されるという流れが、ほぼ毎回恒例のパターンとなっている。

断交工作ターゲットの最有力候補か

――最後に、話をセントビンセントに戻しておこう。

この国は建国直後から台湾と国交を結び、国連の場でもしばしば台湾を擁護する発言をおこなってきた。

たとえば二〇一九年五月には、セントビンセントのブラウン保健相が、世界保健機関（WHO）の年次総会である世界保健総会（WHA）の席上で台湾のオブザーバー参加を強く要求。「台湾は中華人民共和国の一部ではなく、独立した全く異なる政府」であると踏み込んだ演説をおこなったことが、台湾国内で大評判になった。

もっとも、だからといって安心できるわけでもない。むしろ、セントビンセントと台湾の関係は、今後はかなり不安含みと言ってもいいほどである。

たとえば、蔡英文が総統に就任した直後の二〇一六年八月には、セントビンセントの野党・新民主党のユースタス党首が特別に開いた記者会見の場で「自分たちが政権を奪還すれば中国と国交を結ぶ」と発言。中国から与えられる貿易や投資の魅力を強く主張している。この発言は波紋を呼んだが、同年十月に訪台したラルフ・ゴンザルベス首相が台湾との関係を引き続き重視する姿勢を表明し、ひとまず沈静化した。

だが、セントビンセントは人口が少ない国だけに、国会での選出議員の定数は一五議席しかなく、上記の騒動があった時期の与野党の議席差はたった一議席だった。ゆえに二〇一九年十月には、台湾の野党・国民党の許毓仁議員が立法院（国会）質問としてこの問題を提起。対して外交部長の呉釗燮は通りいっぺんの答弁しかできず、不安が増幅されることとなった。

また二〇二〇年五月にも、蔡英文が総統第二期目の就任式を迎える五月二十日の前にセントビンセントが断交をおこなうという噂が流れ、不安が広がった。話が出たタイミングからすれば、中国側が蔡政権を牽制する目的で故意に情報を流した可能性も考えられる。

2019年8月、台湾を訪問中のラルフ・ゴンザルベス首相。国交樹立から28年を経て台北にセントビンセント大使館が開設された（https://www.taiwannews.com.tw/en/news/3759573)。

その後、セントビンセントでは二〇二〇年十一月に総選挙がおこなわれた。「親中発言」をおこなっていた新民主党が与党になる可能性は十分にあったが、結果的には与党の労働党が定数一五議席のうちで九議席を獲得して勝利し、ひとまず台湾との断交の可能性は遠のいた（もっとも、台湾からの奨学金を得て海外留学をおこなっているセントビンセント人たちへの配慮から、新民主党も選挙前には対台湾姿勢を和らげる姿勢を見せていた）。

カリブ海に浮かぶミニ国家・セントビンセント及びグレナディーン諸島。「国会」議員が一五人しかいない小さな島国が、人口約二三五七万人の台湾を動揺させ続けているのはなんとも皮肉だ。

第七章

VS.セルビア

類は友を呼ぶ？　相互補完関係が成立

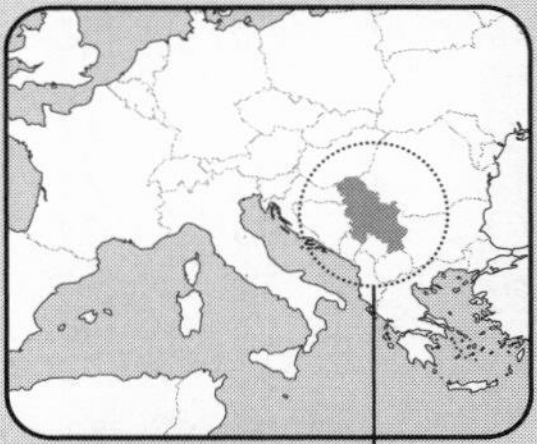

Republic of Serbia

面積：7万7474平方キロメートル（北海道とほぼ同じ）
人口：約700万人（2018年現在）

関連年表	
1991-92年	ユーゴスラビア社会主義連邦共和国が解体され、現在のセルビア共和国とモンテネグロ共和国がユーゴスラビア連邦共和国を形成
1998-99年	コソヴォ紛争。NATOが空爆をおこない、ベオグラードで中国大使館誤爆事件（五八事件）が起こる
2006年	ユーゴスラビア連邦共和国からモンテネグロが独立し、セルビア共和国とモンテネグロ共和国に分離
2008年	コソヴォがセルビアからの独立を宣言するも、セルビアはコソヴォの主権を認めず、対立
2013年	中国、ブダペスト・ベオグラード鉄道の建設計画を提案する
2016年	習近平がセルビアを訪れ、中国大使館跡地に献花。 両国間で包括的戦略的パートナーシップが結ばれる
2020年	コロナ禍に見舞われる中、中国が医療支援者６名をベオグラードに派遣し、支援物資を送付する

「習兄さん、ありがとうございます」

「ヨーロッパの連帯は存在しない。それはおとぎ話だった」

二〇二〇年三月十五日、セルビアのアレクサンダー・ブチッチ大統領は新型コロナウイルス流行にともなう緊急事態宣言をおこなった記者会見の席上で、こう発言している。これまでEU入りを目指してきたブチッチに似つかわしくない発言は、新型コロナウイルスの流行が広がるなかで、医療資源がEU諸国から入ってこないことへのいらだちが理由だった。

いっぽう、彼は中国との関係を「永遠の鋼の友情」と表現し、さらにこう話す。

「私の友人であり兄弟である習近平氏を信じています、そして中国人の助けを信じています。私たちを助けることができる唯一の国は中国なのです」

このとき、セルビアはすでに国境の封鎖を決めていたものの、国家間関係が良好な中国国籍者に対してだけは、入国制限や隔離を免除していた。

果たして二十一日、中国から医療支援者六人がベオグラードに到着する。ブチッチは空港のタラップまでみずから出向いて彼らを迎え、習近平と中国共産党への感謝を表明した。さらに翌日の第二便では人工呼吸器などの支援物資が届き、セルビア政府は中国からマスク五

ベオグラード市内に掲げられた、「習兄さん」への感謝の意を示す看板
（写真提供：AFP＝時事）

○○万枚の購入も発表した。

中国は新型コロナウイルスの発生国だが、三月十日に習近平が武漢入りして事実上の「安全宣言」を出してからは、むしろマスクや検査キットなどを他国に輸出・供与する医療外交を展開。コロナ発生国としての対外イメージを薄めようと努める中国に対して、セルビアは見事に応じた形だ。

そして、話はこれだけでは終わらない。四月はじめからは、首都ベオグラードのあちこちに奇妙な看板が掲《かか》げられるようになったのだ。看板には「感謝習大哥（習兄さん、ありがとうございます）」と、巨大な五星紅旗《ごせいこうき》と習近平の笑顔をバックに、漢字とキリル文字のスローガンが書かれていた。

ちなみに習近平は、中華圏では「習大大（習おじさん）」の愛称のほうが有名で、「習大哥」は耳慣れない呼びかたである。あえてこの表現が用いられたのは、ブチッチがかねてから習への親近感を示すために「兄弟」という表現を好んでいたためだとみられる。

旧ユーゴ時代は疎遠だった

セルビアはバルカン半島に位置する内陸国だ。後述するコソヴォ地域を除いた面積は、北海道とほぼ同じ。七〇〇万人あまりの人が暮らしている。

もとはチトー率いるユーゴスラビア社会主義連邦共和国の一部だったが、冷戦崩壊後の連邦解体を経て、セルビアとモンテネグロなど旧連邦の残存部が一九九二年にユーゴスラビア連邦共和国を結成。この連邦はその後「セルビア・モンテネグロ共和国」と改名され、さらに二〇〇六年にモンテネグロが独立したことで、現在のセルビア共和国が出来上がった。

そんなセルビアは、旧ユーゴ連邦系のバルカン諸国のなかでは突出して国際的なイメージが悪い。理由は過去のユーゴ紛争だ。

一九九一年から始まった旧ユーゴ連邦の解体期、連邦構成国のセルビア共和国大統領だったミロシェビッチは、近隣のスロベニア、クロアチア、北マケドニア、ボスニア・ヘルツェゴビナなどの独立運動にしばしば軍事介入。NATOに対して公然と対立姿勢を示したことで、国際社会から経済制裁を受けた。当時はアメリカの広告会社によって、ボスニア紛争におけるセルビア勢力の「民族浄化」やジェノサイドの加害行為が大きく宣伝され、セルビアを「侵略国」だと位置付ける認識が国際世論に定着した。

やがて一九九九年のコソヴォ紛争のときにはNATOの激しい空爆を受けた。戦後、翌二〇〇〇年のブルドーザー革命によってミロシェビッチ政権が崩壊したこともあり、セルビアは国際社会に復帰を果たすことができたが、二〇〇八年に独立を宣言した南隣のコソヴォ共和国を自国領だとする主張を現在まで続けており、潜在的な火種はいまも残る。

いっぽう、セルビアと中国の関係は、前身の旧ユーゴ連邦時代には社会主義の解釈や実践をめぐる論争もあって、ながらく良好ではない状態が続いた。

朝鮮戦争、チベット騒乱、中台問題、中印紛争、文化大革命……と、チトー時代の旧ユーゴ連邦は、同じ社会主義国家とはいえ中国の外交や国内問題の大部分に反対する立場であり、両国はしばしば非難合戦を展開した。毛沢東死後の一九七七年にチトーが訪中して、両国関係はやっと小康状態で落ち着いたものの、旧ユーゴ連邦側は一九八九年の六四天安門事件に対しても非難声明を出す。中国との関係は、ユーゴ側の社会主義体制が崩壊するまで一貫して疎遠《そえん》だった。

中国大使館誤爆事件で接近

そんな対中関係が大きく変わった契機は、皮肉にもセルビアの国際的な孤立だ。

一九九八年、かねてから独立の動きがあった南部のコソヴォ地域のコソヴォ解放軍（ＫＬＡ）の軍事行動に対して、ミロシェビッチ率いるセルビア人主体のユーゴ連邦軍が激しく反撃。結果、西側諸国を中心に、セルビア勢力がコソヴォ地域のアルバニア人に対してジェノサイドを進めているとする認識が広まった。ビル・クリントン政権下のアメリカからのセルビアへの圧力も強まった。

対してロシアと中国はアメリカの一極支配の強まりを警戒し、ユーゴ情勢への介入に激しく反対する。両国は国連安保理での拒否権発動までおこなって抵抗したが、その甲斐《かい》もなく一九九九年三月からＮＡＴＯによる空爆が開始された。

中国としては、アメリカが域外の民族紛争（コソヴォ問題）に公然と軍事介入をおこなう前例を作ることは、ゆくゆく自国のチベット・ウイグル問題にも影響しかねないリスクだった。当時の中国政府のユーゴ紛争に対する関心は高く、他国の外交関係者や民間人が続々とセルビアから退去するなかで中国だけは人員を増派。中国は米軍の動向を徹底して分析し、さらにはユーゴ政府を政治的・外交的に支援することと引き換えに、ユーゴ連邦軍が得たアメリカの軍事情報の提供を求めていたとされる。

やがて、こうした中国の暗躍《あんやく》のなかで大事件が起きる。一九九九年五月七日深夜十一時四十五分（北京時間：同八日早朝五時四十五分）、米軍のB－2爆撃機が、ベオグラード市内にある駐ユーゴ中国大使館を五発のミサイルで「誤爆」したのだ（五八事件）。この攻撃で大使館内にいた『人民日報』と『光明日報』の中国人記者ら三人が死亡し、二〇人以上が負傷。中国国内の世論は一気に沸騰《ふっとう》する。

当時の中国の江沢民政権は、軍や世論の反発を背景に、アメリカ側による謝罪の申し出を受け入れず、中国国内の各地では対米抗議デモが発生した（本書がこのミサイル攻撃について、あえて「誤爆」とカッコ書きで表記しているのも、当時の中国では全国民の九割以上が、この爆撃が「セルビアを支援する中国政府に対するアメリカからの意図的な報復」だったとみなしていたためだ）。

デモの一部は官製動員だったとみられているが、暴徒化した一部の参加者によって北京のアメリカ大使館にペンキや生卵・石などが投げ込まれた。さらに全国的にマクドナルドやケ

1999年5月9日、南京市内で五八事件に抗議するデモをおこなう学生ら（写真提供：中国通信/時事通信フォト）

ンタッキー・フライドチキンの店舗が破壊されたり、コカ・コーラを飲んでいた女子学生が吊るし上げられたりと、後年の反日デモの雛形ともいえそうな事件が頻発した。

この五八事件で悪化した米中関係は、二〇〇一年四月に海南島の上空で、人民解放軍の空軍機と米軍偵察機の衝突事件が起きたことで最悪の状態に陥る。だが、同年九月十一日にアメリカ同時多発テロが発生したことで、米中両国は協調方針を取るようになり、ユーゴの一件はいつの間にかウヤムヤになった。

当時の中国にしてみれば、五八事件は屈《くつ》辱《じょく》の事件だった。自国の大使館がいきなり軍事攻撃を受けて死者を出したにもかかわらず、アメリカ側への配慮ゆえに、納得のいくレベルでの責任者の追及や事情説明を求めることができなかったからだ。

ただ、中国とセルビアは五八事件を契機に、ユーゴ内戦をめぐるアメリカの「不当」な介入の被害者同士という、これまでには存在しなかった結びつきを持つことになった。破壊された中国大使館の跡地には、後年になりセルビア政府により記念碑も建てられた。

そのためか、五八事件は中国が習近平体制に入ってから再び脚光を浴びる。

二〇一六年六月十七日、初めてセルビアを訪問した習近平が、真っ先に中国大使館跡地を訪れて夫人の彭麗媛《ほうれいえん》とともに献花、犠牲者の追悼式典をおこなったのだ。

また、米中関係に暗雲が垂れこめはじめた二〇一八年五月七日には、事件から「十九年目」という微妙な区切りを口実に、党中央系メディアの『環球時報』を中心に五八事件の追悼キャンペーン報道がおこなわれている。こちらでは当時大使館内にいた記者の記事と、現場写真や犠牲者の遺影を掲載。さらにはこの記者の口を借りて、「多くの証拠がこの爆撃が故意だったことを示している。B－2の中国大使館爆撃は赤裸々《せきらら》な戦争犯罪」だとする意見が伝えられた。

五八事件は、中国の国力がまだ不十分だった時期の、自国の弱腰外交の屈辱とアメリカに対する遺恨の象徴だ。近年、愛国主義イデオロギーを盛んに宣伝してアメリカとの対決姿勢を強めている習政権のもとで、雪辱《せつじょく》を果たすべき事件として再度スポットライトを浴びたのは不思議なことではないだろう。

そして五八事件の見直しは、かつての被害者仲間だったセルビアへの親近感にもつながっていく。

EUから仲間外れのセルビアに近づく中国

中国とセルビアの関係は過去十年間で一気に緊密化し、二〇一六年には両国間で包括的戦略的パートナーシップが結ばれた。セルビアは欧州各国のなかでも中国との関係が最も良好な国家のひとつで、中国からの数十億ドル規模の融資によるインフラ整備や、経済関係における結びつきも目立つ。

そもそも、近年の中国は中欧・東欧地域を、欧州における自国の橋頭堡《きょうとうほ》として位置付けてきた。二〇一二年からは同地域の一六カ国を対象とした中国−中・東欧諸国首脳会議（「16＋1」協力システム）も開催している。なお、この「16＋1」のうち、セルビアを含むバルカン地域の五カ国はEU未加盟国だ。西欧社会からは、中国が欧州の新たな枠組みを作ることで従来のEUの基盤が揺らぎかねないとする懸念も出ている。

二〇一三年秋、この「16＋1」の第二回会議で中国側が提案したのが、ハンガリーのブダペストからセルビアのベオグラードまでを結ぶ高速鉄道の建設計画だった。この路線は従来、いわば欧州の裏街道を通るもので、単線のゆっくりした鉄道だった。だが、オルバン政権が強権的な統治を敷くハンガリーは、セルビアと並ぶ欧州の親中国家だ。ブダペスト・ベオグラード鉄道は中国が入り込みやすい路線だった。

中国が建設を計画する新鉄道は、名前こそ「高速鉄道」だが、実際は旅客の輸送よりも貨物輸送が主たる用途で、事業規模は総額三〇億ドル（約三二〇〇億円）に及ぶ。中国は一帯一路構想のもと、債務危機によって買収したギリシャのピレウス港とこの高速鉄道を接続し、中欧・東欧圏への中国製品の輸出をより容易にさせる計画だという（ただし、ハンガリー国内での反発もあって実際の工事は遅れているようだ）。

また、二〇一六年四月には中国の河北鉄鋼集団が、セルビアの旧国営企業であるスメデレボ製鉄所を買収。他にも中国の融資をベースに、ベオグラード近郊の火力発電所やセルビア国内の高速道路などの整備が進んだ。さらに二〇一七年十一月には、中国機械設備工程（CMEC）の施工でコストラッツB3褐炭火力発電所の建設が起工された。プロジェクトの総コスト七億一五〇〇万ドルのうち、六億八〇〇〇万ドルは中国進出口銀行などの融資だ。

ＥＵ未加盟国のセルビアでは、インフラの整備にあたって欧州からの支援が充分に期待できない分野が多い。その隙間を中国が埋める構図が生まれているようだ。

セルビア－コソヴォ関係と中台関係

五八事件の「血の絆」と経済の結びつきだけではなく、現在のセルビアは政治・軍事面でも中国との距離が近い。

セルビアは二〇一〇年、中国の民主活動家の劉暁波がノーベル平和賞を受賞した際に、授賞式をボイコットしようとする動きを見せた。また、セルビアは中国のチベット問題や台湾問題、南シナ海問題はもちろん、国際的に強い批判が起こっている新疆ウイグル自治区での少数民族弾圧政策すらも中国の立場を公然と支持している。

もちろん、新型コロナウイルス問題について中国の責任を問うようなことはない。二〇二〇年六月三十日に香港向けに制定された国家安全維持法についても、ブチッチ大統領が支持を明言した。セルビアの政体は民主主義体制だが、現在のブチッチ政権はジャーナリストへの迫害などの強権的な姿勢で知られている。

軍事やインテリジェンスの分野の接近も顕著だ。現在、セルビアは軍事面ではＮＡＴＯと協力関係（ただし非加盟）にあるものの、二〇二〇年八月には欧州で初めて中国製の軍用小型機（戦闘用ドローン）を配備した。さらにアメリカから警告を受けているにもかかわらず、中国製ミサイルの購入を検討していることも発表しており、物議をかもしている。

また、セルビアは中国企業ファーウェイとブロードバンドインターネットの開発についての戦略的パートナーシップや、スマートシティ・プロジェクトについての協定も締結。近年の西側諸国は中国系ITインフラを排除しつつあるが、その方針に従う様子はない。

ユーゴ紛争の際の「セルビア悪玉論」のプロパガンダ攻勢や、NATOの空爆で植え付けられたアメリカや西欧への根強い不信感は、いまだにセルビアの国民感情に影を落としている。ただ、セルビアが中国に接近する理由は他にもある。

それはセルビア南部の元自治州・コソヴォの問題だ。

二〇〇八年にコソヴォ共和国が独立を宣言した後も、セルビアはコソヴォの主権を認めず、「自国の自治州」だとする姿勢を崩していない。これは東アジアにおける中国が、異なる主権を持つはずの台湾に対して領有主張をおこない、さらに香港や新疆に対して地域の独自性を無視したまま「統一中国」の枠組みに組み込もうとする姿勢と通じるところが多い。

そうした事情もあってか、セルビアが台湾・香港・新疆など中国の周縁地域の分離独立運動に常に反対する立場を示すのに対して、中国もまた一貫してコソヴォの独立に反対し、セルビアの立場を支持している。ある種の相互補完関係が出来上がっているのだ。

ちなみに、中国がセルビア側に立っていることから、なんとコソヴォに対しては台湾（中華民国）が国家承認をおこなっている。東アジアの両岸対立構造がバルカンの民族紛争に持ち込まれるという興味深い構図だ。

二十年前にアメリカによって「世界の敵」にされてしまった欧州の異端児《いたんじ》・セルビアは、米中対立構造が深まる現代の世界で、過去の因縁ゆえにあえて中国に接近している。十九世紀からこのかた、欧州の火薬庫として知られたバルカン世界は、中国の登場によって再び流動化の時代を迎えつつある。

第八章

VS.カナダ

中国が民主主義社会をハックする

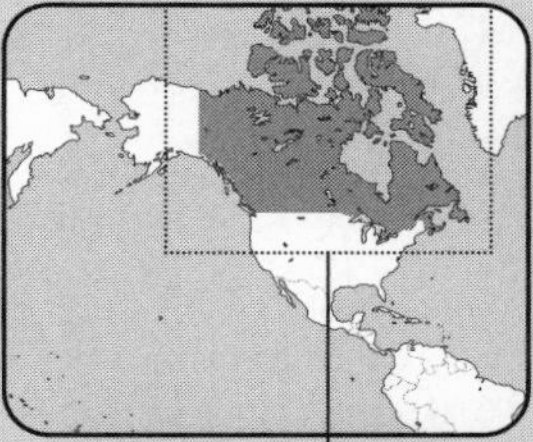

面積：998.5万平方キロメートル
（ロシアに次ぐ世界第2位、日本の約27倍）
人口：約3789万人（2020年1月カナダ統計局推計）

関連年表

1850年代	ロッキー山脈で金鉱脈が発見され、中国人炭鉱夫が殺到
1863年	秘密結社・洪門《ホンメン》のカナダの組織が、鉱山労働者の間で結成される
1923～47年	中国人労働者の家族の渡航を拒否する華人排斥法が制定される
1990年代	1997年の香港返還を前に、カナダに移住する香港人が激増
2018年1月	カナダの複数のメディアが、中国系の下院議員ゲン・タンが中国人ビジネスマンの資金供与を受ける形での中国渡航や中国大使館への口利きをおこなっていたことなどを報じる
2018年12月	中国企業ファーウェイの孟晩舟副会長がバンクーバーで拘束される
2019年	カナダ連邦下院選で八人の華人候補が当選

広大な国土と豊かな自然、多様性を重んじるリベラルな政治風土と良好な治安、隣国アメリカよりものんびりとした社会――。カナダは二〇二〇年の世界幸福度ランキングで、非欧州国家では上から二番目となる世界一一位に就《つ》いた優等生国家である（なお、日本は世界六二位、中国は九四位）。旅行先としても移住先としても人気が高い国のひとつだ。

もっとも、世界二番目の国土面積に比して、カナダの人口は日本の首都圏人口とほぼ同程度の約三七八九万人（二〇二〇年）しかおらず、名目GDPは世界一〇位だ。必ずしも「大国」の条件を満たす国とはいえず、軍事的なプレゼンスもさほど大きくない。

新型コロナウイルスの流行以降、世界では感染症に対する民主主義国家の弱点が指摘された。対して中国は二〇二〇年の春ごろにコロナの封じ込めにほぼ成功してからは、かえって自国の体制の優位性を強調するようになった。ポストコロナの時代は、民主主義体制と中国のような権威主義体制の対立がより深まっていくことだろう。

しかし、実はコロナ以前から「中国 vs.民主主義」の角逐《かくちく》の最前線に置かれていたのが、多数の中国人移民を受け入れてきたカナダである。

過去の歴史的な経緯を踏まえたうえで、現在の問題をみていこう。

人口の約五％が中国系

カナダは移民の国である。特に西海岸のバンクーバーは太平洋を挟んで東アジアの各国に面していることから、十九世紀以来、日本や中国から北米大陸を目指す移民たちを数多く受け入れてきた。

もっとも、日本人によるカナダ移住は、戦前に大きなブームがあったものの、戦時中の日系人強制収容の影響もあってかやがて低調になり、いまや日系カナダ人の人口は一〇万人程度にとどまっている（うち約半数は他民族との混血。二〇一一年時点）。日系二、三世のカナダ人たちは、日本国家や日本民族に対する帰属意識があまり強くなく、むしろカナダの社会に溶《と》け込んでいる人が多い。

いっぽう、中国系移民は現在に至るまで増え続けており、社会でかなり大きな存在となっている。中国の華南師範大学の万暁宏は、二〇一九年のカナダにおける中国系住民の人口が約一九〇万人に達したと推算している。これは非アジア圏の国家ではアメリカ（約五一四万人、二〇一八年）についで第二位の数字だ。

もっとも、アメリカの場合は総人口がカナダの約八・七倍に達するため、国民における中国系住民の割合は一・五％程度にすぎない。対してカナダの場合、中国籍のまま帰化していない在住者まで含めれば、おそらく中国系の人たちが住民の五％以上を占めるとみられる。事実、大都市圏を中心に、カナダの街で中国語の看板を見かける機会はかなり多い。

中国系住民はカナダのアジア系移民のなかでも学歴や世帯収入、不動産所有率などが高く、勤勉であると目されている。

一九九〇年代に香港人が殺到

カナダにおける中国系住民の歴史は、一八五〇年代にロッキー山脈で金鉱脈が発見され、一攫千金を夢見る中国人の炭鉱夫が殺到してゴールドラッシュが起きたことで幕を開ける。金鉱脈は二十年ほどで衰退したが、その後も大陸横断鉄道の建設にともない多数の安価な労働力が必要とされたことで、広東省出身者を中心とした多くの中国人労働者（苦力《クーリー》）たちが香港経由で海を渡った。

北米有数の規模で知られるバンクーバーのチャイナタウンは、この時期に成立している。ほか、チャイニーズ・フリーメイソンの別名で知られる中国人の伝統的な秘密結社・洪門《ホンメン》のカナダの組織も、一八六三年に金鉱山に近いバーカービルの中国人鉱山労働者たちの間で結成された。

とはいえ、往年のカナダ政府は人種的偏見もあって、中国からの移民たちに好意的とは限らなかった。むしろ、中国系移民にのみ人頭税を課したり、中国人労働者の家族の渡航を拒否する華人排斥法《かじんはいせき》（一九二三～四七年）を成立させたりと、二十世紀なかばまでは移住を制限する傾向のほうが強かった。

いっぽう、この時期までの中国系移民は、労働者層を中心とする学歴や収入が比較的低い層の人たちが多く、性別も男性に大きく偏《かたよ》っていた。中華人民共和国の成立後には、社会主義化や文化大革命の混乱から香港経由で逃げてきた政治・経済難民も多数いた。

こうした傾向が大きく変わるのは一九九〇年代以降である。一九八九年に起きた天安門事件のショックもあって、来《きた》る一九九七年の香港返還を前に、同じ旧英国植民地で歴史的な関係も深い（＝広東系移民が多い）カナダへの移住を望む香港人たちが激増したからだ。いっぽう、この時期は台湾でも、国民党の一党独裁体制に見切りをつけて海外移住を望む人たちが急増した。カナダのなかでも東アジアへのアクセスが便利なバンクーバー近辺にはこうした移民が殺到し、特に香港人が多かったことから「ホンクーバー」という渾名《あだな》すら付いた。

香港・台湾出身の移民たちの特徴は、それまでの中国系移民と違い、専門的な技術や知識を持つ高学歴のホワイトカラー層が多かったことだ。彼らは従来の中国系移民が暮らすチャイナタウンを嫌い、郊外に住んだことから、結果的にカナダ国内で中国系住民の分布が広がった。

たとえば、バンクーバー郊外のリッチモンド市は、いまや人口約二〇万人のうちで中国系住民が約七割を占めるという巨大な中国人タウンに変貌《へんぼう》している。そのきっかけをつくった中国系の移民こそ、一九八〇〜九〇年代の香港出身者たちである。

とはいえ、高学歴のホワイトカラー層が多かったとしても、人口が少なく雇用のパイも限られているカナダで、移民たちが望む仕事に就けるとは限らない。

間もなく、移住先では充分に稼げないと見切りをつけた男性が、治安や教育環境が良好なカナダに妻子だけを残して、本人は香港や台湾に戻って働いて家族を養うという、逆出稼ぎのような奇妙な状況があちこちで見られるようになった。「太太《タイタイ》（妻）」から離れて家庭を「空」にしていることから、こうした男性たちを「太空人《タイコンレン》」と呼ぶ俗語も流行した。ちなみに太空人とは、本来は宇宙飛行士を意味する中国語である。

やがて一九九七年に香港が返還されると、「太空人」現象を割に合わないと感じる人が増えたことや、返還後の香港が意外と安定していたことなどから（香港の政治情勢が大幅に悪化

(左) 漢字の看板が目立つリッチモンド市内
(下) バンクーバーのチャイナタウンの壁に描かれていた、十九世紀末の中国人移民の家族のイラスト。最初期の移民たちはクリーニング店など元手がかかりにくい商売から手を広げていった
(撮影：著者)

しはじめるのは二〇一四年の雨傘革命以降の話である）、香港人のカナダ移住熱は一気に下がる。これは母国が政治の民主化を迎えた台湾人についても同様だった。

「裸官」の目的地にされたカナダ

結果、二十一世紀に入るころから、香港・台湾人の代わりに増加しはじめたのが中国大陸出身の移民である。過去のような出稼ぎ労働者や難民ではなく、中国の対外開放と経済発展にともなって、比較的豊かな層の人たちがカナダに移り住むようになったのだ。

特に中国国内の腐敗が深刻だった胡錦濤《こきんとう》時代（二〇〇三〜二〇一三年）には、中国共産党の高級官僚が財産の海外移転や政治的なリスクヘッジを目的に、妻子を海外に移住させて自分は中国国内に残る「裸官《ルオグアン》」現象が流行。環境のいいカナダはしばしば裸官たちの目的地にされた。

ひとところは、党高官が愛人を住まわせることが多かったアメリカのロサンゼルス郊外のローランド・ハイツが「二奶村《アルナイツン》」（愛人村）と渾名されたのに対して、本妻が住むことが多かったバンクーバー郊外のリッチモンドは「大奶村《ダーナイツン》」（本妻村）と呼ばれた。私が二〇一八年十二月に現地を取材した際にも（『もっとさいはての中国』参照）、深夜になって市内の通行量が減ると、中国大陸の富裕層のドラ息子たちが公道上で高級車を使ったカーレースをおこなっているので、夜間には道に出ないほうがいいと地元の人に注意された経験がある。カネ持ちの中国大陸出身者がそれだけ多く移り住んでいたのだ。

かつてカナダの中国系移民は、中国国内で食い詰めた人や難民はもちろんのこと、香港・台湾の出身者たちも含めて、基本的には中国の共産党体制に一定の距離を置く人が多かった。だが、二十一世紀から急増した中国大陸出身者たちは、共産党体制に肯定的な考えを持つ人も多くいる。

バンクーバーの場合、「四大僑団」と呼ばれる地元の四つの中国人団体がいずれも親共産党的な立場に立っており、尖閣諸島の領有権問題や香港デモなどの国際問題の際にしばしば積極的に中国政府を支持する活動をおこなっている（一部の団体は、もともと台湾の国民党寄りだったのが鞍替えしたようである）。

カナダ連邦下院選で八人の中国系候補が当選

もっとも、これだけならカナダに限った話ではない。新型コロナの流行以前であれば、日本を含めた西側先進国では、どの国でもある程度は似たようなケースが見られた。だが、カナダと他国の違いは、事態がさらに「先」に進んでいたことである。

それは、多様性を重視する民主主義国家であるカナダにおいて、近年になり華人議員が増加していることだ。人口の五％近くを占める華人票を得ることで選出された議員たちは、カナダの各都市や各州、さらには連邦議会でも存在感を増しつつある。

カナダの中国系住民は本来、二十世紀なかばまでに移民した老華僑たちと、二十世紀末に移民した香港・台湾系の移民、そして今世紀にやってきた中国大陸出身者の間で、言語や価値観・生活習慣などの差異がかなり大きい。だが、たとえば日系人などと比べると民族的なアイデンティティがかなり強く、人数も多いため、そのことが選挙での投票行動にも影響を及ぼしている。

二〇一九年のカナダ連邦下院選に立候補した華人候補者は過去最多の四一人にのぼり、そのうち八人が当選した（なお、二〇一一年の選挙は華人候補者二三人のうち七人当選、二〇一五年の選挙では二七人立候補のうち六人当選）。

二〇一九年の当選組のうち、現職議員がそのまま勝利したのは、対日歴史問題に強硬姿勢を取る香港出身のジェニー・クワン（関慧貞）ら六人。いっぽうで新人は、ハン・ドン（董晗鵬）とケニー・チウ（趙錦栄）の二人である。特に一九七七年生まれのハンは十三歳で上海からカナダに移住しており、中華人民共和国の体制下で生まれた人物としては、今回の選挙で唯一の当選者となった。

なお、こうした華人議員たちの所属政党は、中道左派の与党・自由党が四人で、二大政党の一角をなす中道右派の野党・保守党が三人、左派の社会民主主義政党である新民主党が一人となっており、意外にも政治的立場はかなりバラバラだ。だが、彼らの選挙区は、中国系住民が多いトロントがある東海岸のオンタリオ州と、バンクーバーやリッチモンドがある西海岸のブリティッシュコロンビア州に偏っている。

特に中国人タウンであるリッチモンド中央選挙区の場合、二〇一九年下院選挙では候補者六人のうち四人が華人で占められた。すなわち、当選した保守党の現職、アリス・ウォン（黄陳小萍）に対して、自由党のスティーブン・コウ（寇鴻久）、人民党のイヴァン・パク（白巍）、独立系候補のヂェー・ヂャン（張哲）らが挑《いど》むという構図であった。

また、トロントのスカボロー北選挙区でも、当選した自由党のシャウン・チェン（陳聖源）を、得票数二位の保守党候補デビッド・コン（江如天）と三位の新民主党候補ヤン・チェン（陳艶）が追うという、事実上は中国系候補だけの三つ巴《どもえ》の争いが起きていた。

これらは国政レベルの議員と候補者たちの状況だが、地方議員となれば類似の事例はもっと多い。また、西海岸のヴィクトリア市では、一九九九〜二〇〇八年に中国系のアラン・ロウ（劉志強）が市長を務めた例もある。

選挙を用いた浸透工作

マイノリティである中国系住民から多数の議員が誕生している現象それ自体は、カナダ社会の寛容性を示すものだ。日本が一〇〇万人近い中国人人口を抱えているにもかかわらず、華人の議員がほぼいないことを考えれば（例外は立憲民主党の蓮舫《れんほう》氏くらいだ）、カナダのありかたは民主主義社会としては非常に健全だ。本来は称賛するべき話である。

しかし、他方で近年になり明白になりつつある「残念な真実」も存在する。カナダの華人議員の一部に、北京の中国政府と近い人物や、中国人のナショナリズムを煽《あお》り立てる人物が少なからず含まれていることだ。

たとえば、新民主党の下院議員で香港出身のジェニー・クワンをはじめ、オンタリオ州やブリティッシュコロンビア州の一部の中国系地方議員は、カナダの社会で南京大虐殺や慰安《いあん》婦《ふ》の問題を過剰に持ち出し、対日歴史問題に強硬なポーズを示すことで華人票を固める戦略を取っている（拙著『もっとさいはての中国』参照）。同じカナダ華人といっても、移住時期や言語が大きく異なる人たちを、最大公約数的にまとめあげて票につなげるのに、「日本の中国侵略」や「祖籍国（中国）への愛」は、非常に使いやすいテーマとなるわけだ。

いっそう深刻なのは、二〇一五年に中華人民共和国の出身者として史上初の下院議員に当選したゲン・タン（譚耕）のケースである。北京生まれ湖南省育ちの彼は、湖南大学を卒業後に中国で高級エンジニアとして働いてからトロントに留学、カナダで博士号を取得してそのまま定住した経歴を持つ。

ところが二〇一八年一月、複数の現地メディアは、ゲンが中国人ビジネスマンの資金供与を受ける形で中国渡航をおこなったことや、中国大使館への口利きをおこなっていたこと、さらには下院議員当選後にしばしば中国に赴《おもむ》いて中国共産党員の政府関係者らと接触していたことなどを次々と報じた。つまり、第五章で紹介したオーストラリアの事例と似た問題が持ち上がったのだ。

ゲンはこれらの報道を否定したものの、その後に別の個人的なスキャンダルが伝えられたこともあって、まだ五十代後半と議員としては脂《あぶら》が乗った時期にもかかわらず、二〇一九年の下院選には不出馬を表明している。

アメリカの緊密な同盟国かつ隣国にもかかわらず、アメリカよりもはるかに「ゆるい」カナダは、中国から見れば非常に貴重な浸透工作の対象だった。多様性を重んじる民主主義国家ゆえに、自分たちの手駒を国家の内部に送り込むことも容易だったのである。

とはいえ、近年はさすがに風向きが変わってきた。二〇一八年十二月に中国企業ファーウェイの孟晩舟副会長がバンクーバーで拘束されて以来、中国とカナダの関係は悪化している。中国側はファーウェイ問題の報復として、カナダ人の元外交官マイケル・コブリグと企業家のマイケル・スパバを中国国内で拘束して恫喝《どうかつ》してみせたが、これはかえってカナダ世論の対中警戒心を強める結果を招いた。

コロナの流行が収まったあと、カナダと中国という世界の国土面積の二位と四位を占める国同士の関係には、どんな景色が広がることになるのだろうか。

column 3

なぜ「人権大国」ドイツは中国を強く非難しなかったのか

対談　マライ・メントライン（「職業はドイツ人」コラムニスト）

マライ・メントライン

現在、中国はGDPランキング世界二位の経済大国として君臨し、一位のアメリカを除く各国を大きく引き離している。日本は二〇一〇年に中国に追い抜かされて以降、三位に甘んじているのだが、そのすぐ後ろでピタリと四番手に付き続けているのが、欧州の盟主・ドイツである。ドイツは西側陣営の一角でありながら、中国とも良好な外交関係を維持してきた。

そんなドイツから二〇〇八年に来日し、NHKの『テレビでドイツ語』の出演をはじめ翻訳・通訳・エッセイストなどの各方面で幅広く活躍しているのが、自称「職業はドイツ人」のマライ・メントラインだ（一部のネットユーザーには「ツイッターで名前をよく見かける非常に日本語が上手なドイツ人」という印象のほうが強いかもしれない）。

日独の架け橋となっているマライだが、北京にアジア総局を置く第2ドイツテレビ（ZDF）のスタッフとしても働くうえで、中国についても関心を持たざるを得ない。ドイツは経済面では中国に依存するいっぽう、人権や民主主義といった基本的な価値観の面では本来ならば中国とは相容れないドイツにとっての中国はどんな存在か。じっくり尋ねてみた。

東方の理想郷を求めて

安田　かつて西ドイツが中国と国交を樹立したのは、日中国交樹立と同じ一九七二年。その後、日本は二〇〇五年の反日デモ前後から中国との外交関係がギクシャクしはじめますが、ドイツは良好な対中関係をながらく維持してきました。ただ、政府はさておくとして、ドイツの一般人の中国観はどうなのでしょうか？

マライ　基本的に、一般のドイツ人は中国についてほとんど知らないですね。「遠いアジアの国」というイメージで、各人の教養のレベルにもよりますが、日本と中国の区別がついていない人も少なからずいるくらい。それが十年ほど前からの観光客の急増で、大都市圏や観光地を中心にリアルな中国人との接点が生まれました。バスで移動する大量のツアー客で、いつもガヤガヤとおしゃべりしていて、ものすごくいいカメラを持っている人たちがいるぞと（笑）。すこし前までの日本人観光客のステレオタイプなイメージと、完全に入れ替わった感じです。

安田　ドイツはかつては分断国家でした。中国と同じ共産圏だった旧東ドイツ地域と、戦後は一貫して資本主義陣営の一角であった旧西ドイツ地域とで対中感情が異なるといった傾向はないのでしょうか？

マライ　あまりないかもしれませんね。東ドイツはソ連の影響が非常に強い国でしたから、彼らにとってのアジアの友人は、中国ではなく北ベトナムなんです。一九六〇年代に中ソ対立が本格化して以降は、中国に対しては疎遠でした。むしろ、私の親世代の話になりますが、冷戦期の旧西ドイツ地域では左派勢力が、毛沢東にシンパシーを抱いて『毛沢東語録』を読むブームがありました。「すぐ隣の東ドイツよりも、東方にはもっと理想的な労働者の国・中国があるらしい。いいなあ」というわけです（笑）。

安田　疎遠だからこそ生まれる幻想。共産主義版のプレスター・ジョン伝説（中世ヨーロッパで流行した東方にある理想的キリスト教国の伝説）ですね。いっぽう、西ドイツは中

〈ドイツ〉

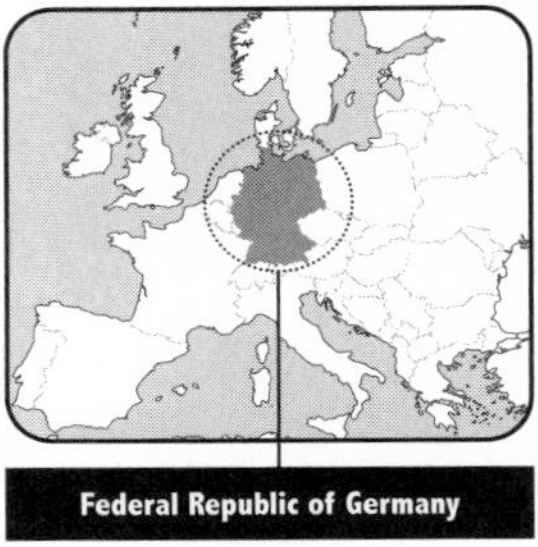

面積：35.7万平方キロメートル（日本の約94％）
人口：約8319万人（2020年9月、独連邦統計庁）

国の改革開放政策の初期である一九八四年に、はやくもフォルクスワーゲン（ＶＷ）が進出するなど、積極的に中国市場にアプローチしています。ドイツの経済界の中国好みは、「東の理想郷」を求めるような伝統的な心理も働いているんでしょうか。

マライ　それはあるはずですね。ちなみにＶＷは、中国ローカルの上海汽車と合弁企業をつくっているのですが、同社の設立記念式典には当時のコール首相が訪中して参加しています。ドイツは自動車産業の国ですから、政府は自動車産業のためならすごく活発に動くわけです。その後、コール首相は天安門事件後の一九九三年にも訪中していますが、このときもベンツや（自動車ではなく電車ですが）シーメンスなどの大企業を引き連れての大規模な訪中団が組まれました。

安田　当時、この合弁企業「上海大衆《シャンハイダーヂョン》」がつくったサンタナという車種は中国では〝国民車〟と呼べるくらいよく売れて、一昔前までタクシーの多くがＶＷエムブレムでした。

ベンツは長距離バスによく採用され、シーメンスも広州や上海の地下鉄に車両をおろしています。

そうそう、世界最高クラスの運転速度で商業運転をおこなっている上海トランスラピッド（リニアモーターカー）も、シーメンスをはじめとした複数のドイツ企業が関わっており、開通の際には当時のゲアハルト・シュレーダー首相がわざわざやってきたほどです。ゼロ年代前半ごろまで、中国の自動車や大量輸送インフラのハードをガチガチに押さえていたのはドイツ企業だったわけです。

現在、これらは国産に置き換わってきましたが、ドイツとの経済関係の深さは変わりません。むしろ、二〇一一年には直通貨物列車の中欧班列（第三章参照）が運行をはじめましたし、二〇一四年には両国が「包括的・戦略的パートナーシップ」の構築に合意しています。これは中国側の観点では、対外関係のなかでも最も親密と言っていい扱いとなります。

マライ　メルケルが率いるドイツの与党・キリスト教民主同盟（CDU）は経済重視で、お得なことはなんでもやるスタンスです。すでに多額の投資をしていることも、これまでのドイツの中国接近の背景にありました。ただ、もうひとつの要因として、アメリカ一辺倒を嫌う欧州国家としての意識も大きく影響していたはずです。

もっとも、本来は対米関係とのバランスを取るために中国とも仲良くしていたはずが、近年アメリカの力が弱まったことで、相対的に見て中国の地位が上がりすぎてしまった感じがあります。

中国は「啓蒙」されると思っていた

安田 産業界や政府にとっては〝良好〟、庶民レベルでは〝無関心〟だったはずの独中関係ですが、二〇二〇年春から大きな変化のきざしが生まれます。理由は新型コロナウイルスの流行です。

マライ 二〇二〇年十二月現在、人口が約八三〇〇万人のドイツにおける新型コロナ新規感染者数は、日本の数倍以上の一日あたり一万〜一・五万人くらいで推移しています（注 本書執筆時点の二〇二一年三月末もほぼ同様）。ただ、イギリスなど近隣諸国の感染爆発と比べると大幅にマシな数字であるせいか、コロナ禍それ自体に対する庶民感覚は、なぜか日本よりも楽天的な雰囲気なんですよね。

安田 正直、医療関係者以外の一般人がコロナ禍にどこまで脅威を覚えるかは、かなり主観性が交じる問題ですからね。「〇〇と比べるとマズい」「××よりはマシ」という相対評価でしかありません。日本の場合、隣国の台湾がコロナ封じ込めについて世界有数の優等生であることで、相対的に評価が低くなります（笑）。さておき、そのコロナの発生地である中国に対して、ドイツ世論の変化は？

マライ　中国に対する世論の警戒心はかなり強まりました。情報公開の不透明さをめぐって、中国の価値観や体制についての根本的な不信感が広がったことで、経済重視のメルケル政権も世論を無視できなくなりつつあります。事実、従来はまったく問題視されてこなかった次世代通信規格５Ｇへのファーウェイ製品の採用が、大きく制限されそうな気配です。

安田　ファーウェイ製品の排除は二〇一八年から続く米中貿易摩擦が発端でした。現在は、日本をはじめとする西側各国が、ファーウェイ製品の締め出しを試みていますね。中国メーカーのＩＴガジェットに対する、情報流出の懸念は強いようです。

マライ　もっとも、ファーウェイが組織ぐるみで政治的な諜報《ちょうほう》活動をおこなっている確かな証拠は、これまでほぼ出ていないわけです。ドイツ人は論理を重視するので、本来ならば明確な根拠が客観的な形で示されない限り、政府が規制に動いたりすることはない。ところが今回は、コロナ流行以来の中国に対する世論の根強い不信感が、ファーウェイ規制を後押しした感があります。また二〇二〇年九月にはドイツのマース外相が、中国一辺倒ではなくアジアの他の民主主義国との連携をもっと深めていくべきだといった見解も述べるようになりました。

安田　地理的に中国と近い日本では、二〇〇五年の反日デモをきっかけに中国を警戒する心理が強くなり、二〇〇八年のチベット問題や二〇一〇〜二〇一二年の尖閣問題でそれが固定化された形です。対して欧州各国の場合、近年の米中貿易摩擦やコロナ流行を経たことで、ようやく警戒モードに入った感じですね。

マライ　かもしれません。私は日本で暮らしていて、勤務先であるＺＤＦの北京総局の情報も入ってくるので、母国のドイツ人よりも早い段階で、中国に懸念すべき点があるという情報が入ってきていました。ただ、ドイツ国内の人たちの中国に対する認識はまだ無邪気《むじゃき》な気がします。中国が国際秩序に挑戦する覇権国家と化していることにも、まだ気がついていない人が多そうです。

安田　経済というプラグマティックな需要のために、中国側の問題点に目を背ける。そもそも相手に強い関心がないので相手の問題点も気が付かない。かつての日本も、天安門事件（一九八九年）の衝撃は大きかったとは言っても、なんだかんだで二〇〇〇年代前半まではそうした甘い雰囲気がありました。

マライ　ドイツと中国の〝友好〟はそもそも同床異夢《どうしょういむ》だったと言えるかもしれません。これまでドイツ側には、ビジネスで交流して仲良くしていけば、中国はやがて啓蒙《けいもう》され、民主主義社会の良さに気付いて変わってくれるだろう、という思い込みがあったんです。

安田　「啓蒙」ときましたか（笑）。西側民主主義の正しさをまったく疑わない文化圏の人たちじゃないと、なかなか出てこない単語です。

マライ　そう（笑）。思い込みというか、ヨーロッパ人の思い上がりですよね。もっとも、ドイツの場合はこれに加えて、過去の自国の成功体験がありました。かつて旧東ドイツに対して、友好路線でアプローチを続けた結果、ベルリンの壁が崩れてドイツが統一されたからです。中国についても、きっと東ドイツと同じように、人々が心のなかでは自由な民主主義社会を望んでおり、共産党支配を崩壊させていくに違いない。そう考えた人が少なくなかったのではないでしょうか。

ドイツ人は「ウイグル強制収容所」をどう見るか

安田　近年のドイツと中国の関係を論じるうえでは、相反する二つの視点があります。

ひとつは「経済」を理由とした対中国融和姿勢なのですが、もうひとつは「人権」をベースとする中国批判です。二〇一七年に病死した中国の反体制知識人で、ノーベル平和賞受賞者でもあった劉暁波の妻（劉霞《リユウシヤー》）の亡命先は、実はドイツでした。また、中国国内で迫害を受けている少数民族ウイグル人の世界組織「世界ウイグル会議」総裁のドルクン・エイサも、長年ミュンヘンに滞在しています。

マライ　ドイツは人権団体が強く、亡命者のための法整備が比較的整っているんです。ちなみに世界ウイグル会議の拠点がドイツにあることについては、冷戦時代にアメリカが対東側向けのウイグル語プロパガンダラジオ放送をおこなっていたことがあって、その拠点がミュンヘンに置かれていたことがきっかけだといいますね。あと、もうひとつの理由はおそらく、ドイツに巨大なトルコ人移民のコミュニティがあること。高度経済成長時代から、ドイツの製造現場では大勢のトルコ人労働者が働いてきました。

安田　ウイグル問題について、イスラム圏の各国は驚くほど冷淡な国が多いのですが、トルコはウイグル人と民族的に近いことから同情的な傾向があります。ウイグル人の少数民族運動を支援する、ドイツのトルコ移民もいるのでしょうね。

ところでウイグル問題といえば、二〇一九年ごろから英米両国を中心に、新疆ウイグル自治区内でウイグル人らを収容しているとされる「強制収容所」（再教育キャンプ）の問題が盛んに報じられるようになりました。これは二〇一四年四月に習近平が新疆ウイグル自治区を初訪問した際、数キロしか離れていない場所で死者が出る爆発事件が起きたことから、新疆の当局者がよりヒステリックにウイグル人弾圧をおこなうようになって、作られはじめたとされます。

正直、中国を知っている人間にとっては今更感のある話なのですが、「強制収容所」という存在が欧米圏に与えた衝撃は大きかったようです。ドイツの一般人の対中国認識の変化には、この問題も影響していますか？

マライ　私が勤務しているZDFを含めて、近年はウイグルの人権問題に関係した番組が頻繁《ひんぱん》に作られていますし、知識人を中心に懸念を覚える人も多くいます。ただ、この件はドイツにとっては難しい問題でもあります。アウシュビッツのように、完全に過去の自国の問題であれば、歴史にどう向き合ってどう消化するべきかの枠組みがきっちりと示されているので対処できるのですが、中国の強制収容所となると……？

各国が中国を批判する文脈のなかで、ナチスの問題が不意打ち的に蒸し返される形になりますから、ドイツ人にとってはかえって反応に困る部分もあるかもしれません。

安田　二〇二〇年六月三十日に北京の中国政府が、香港を対象として社会の自由を大幅に制限する内容の国家安全維持法を施行したことについて、ドイツのメルケル首相の批判のトーンは抑制的な内容にとどまっていました。人権大国のドイツらしからぬ鈍い反応は、自動車産業など中国と関係が深い業界からのロビー活動を通じた圧力や、メルケルの産業界に対する〝忖度〟が反映されたものだったと考えてもいいでしょうか？

マライ　政府に対する自動車業界の発言力は非常に強いですし、間違いなくそうした構図はあったと思います。ドイツは近年、中国に対して経済と人権の板挟みになっているので、立ち位置が難しい部分もあります。「人権大国」だから、中国の人権問題に対しては何も言わないわけにはいかないけれど、いつも強いことばかり言うわけにもいかない。近年、こうしたジレンマが徐々に顕著になってきた気がします。

ナチスと中国共産党の類似点

安田　以前、第一次大戦を引き起こしたドイツ帝国の皇帝の評伝（『ヴィルヘルム2世』〔中公新書〕）を読んでいたら、十九世紀末から二十世紀初頭のドイツと現在の中国の姿が、非常によく似ていて驚いたんです。すなわち、後進農業国が急成長して列強の間に割って入り、「世界に冠たる○○国」として振る舞う様子が他国から眉を顰《ひそ》められる、当事者自身も内心では不安を抱えている新興国であるがゆえに、かえって傲慢《ごうまん》で拡張主義的な外交姿勢を取る……といった構図です。

現在、ドイツ国内の知識人層のなかで、過去の帝政ドイツと現代中国との、こうしたアナロジーを論じるような動きはありますか?

マライ　すぐに名前は思い浮かびませんが、連想する人は間違いなくいると思います。ちなみに余談ですが、第一次大戦前のドイツが内心で自信を持っていなかったのは、十九世紀初頭のナポレオン戦争のトラウマが原因です。普仏戦争には勝ったけれど、ライバルであるフランスはいざ本気を出せば自分たちよりずっと強いのではないかという心配が抜けず、コンプレックスを持っていた。対外的な傲慢さは、不安の裏返しだったわけです。

安田　それは面白いですね。中国についても、自分たちが金持ちになり国際的にも強い影響力を行使できるようになったものの、彼ら自身が自国の実力をどこか信じられないでいる。だから、かえって偉そうに振る舞ってしまう。ところで、こうした中国のコンプレックスの源泉となっている出来事は、実は十九世紀なかばのアヘン戦争の敗北がきっかけ。中国の近代はトラウマに満ちた時代なのです。

マライ　やっぱり十九世紀が原因なんですねえ……。

安田　はい。中国のウエスタン・インパクト（西洋の衝撃）は、最悪の思い出なんですよ。欧米の帝国主義列強の諸国からよってたかって騙されて、アヘン漬けにされ国土を好き勝手切り取られた。このことは中国人に現代まで、欧米列強（現在は「西側先進国」と呼ばれています）は中国を陥れるため常に結託して陰謀をこらしている、彼らが人権や民主主義を唱えるのは中国を再び騙すための方便だろう、といった疑心暗鬼を植え付けることになりました。現在、中国が新疆や香港の問題について海外からの圧力に強く反発したり外資系企業をボイコットしたりしているのも、背景にはこの心理が関係しています。

マライ　歴史の話でいえば、初期のナチスに思想的な影響を与えたカール・シュミットというドイツの哲学者がいるのですが、中国ではずっと人気みたいです。一九九〇年代に中国人研究者が熱心に勉強して、それを中国の大学で盛んに紹介したことで、いまだにファンが多いと聞きます。

安田　習近平のブレーンである若手知識人たちがカール・シュミットを礼賛《らいさん》していると、二〇二〇年八月三日付の『ニューヨーク・タイムズ』（中国語版）が報じています。「いまだに多い」どころか、「いまこそ熱い」思想のようです。ナチスと習近平政権を支える共通基盤のような思想の存在は、不気味ながらも興味深いものがあります。

マライ　シュミットの「友敵理論」は、主権は人間にではなく国家そのものにあるとする思想ですから、全体主義をポジティブにとらえるうえで非常に使いやすいのは確かでしょうね。

安田　私は近年の中国による強引な香港の取り込み政策について、ナチスのラインラント進駐やズデーテン併合を連想しています。仮に香港における国安法の施行をズデーテン併合になぞらえるなら、次にやってくるのは「ポーランド侵攻」（＝台湾侵攻）でしょう。何度か示されている危険な兆候を、国際社会が黙認してしまえば、対外拡張主義がさらに暴走して取り返しがつかないことになってしまいます。

マライ　ああ、確かにすごく似ていると思いますね。国際社会が何も言えず、臭いものに蓋《ふた》をしたことで、結果的に黙認のメッセージを送ってしまうという。メルケル首相が香港問題について強く抗議しなかったことは、実は私も驚いたんです。二〇一四年にロシアがクリミア半島を強引に併合した際（クリミア危機）、この手の紛争のときはドイツが積極的に発言して、ブレーキをかける必要があると学んだはずだったのですが……。

安田　約八十年前、イギリスのチェンバレン首相は、ナチスのズデーテン併合に対して宥和政策《ゆうわせいさく》を取ったことで、後世の批判を受けることになりました。現在、中国が香港問題をめぐって往年のナチスとよく似た立ち位置にいるとすれば、さらに歴史の皮肉を感じるのは、往年のチェンバレンの宥和政策のポジションに、いまやドイツのメルケルが座っていることでしょう。

マライ　その通りですね。ドイツのトップが対中国や対ロシアについて物を言うときは、現状ではEUの枠組みのなかで動かざるを得ないのですが、クリミア問題でもブレグジットでも、EUの足並みは揃いませんでした。中国もこうしたEUのまとまらなさを知ったうえで、大胆に動いている面はありそう。これは日本で暮らすドイツ人の目から見ると、大きな懸念ですね。

マライ・メントライン●翻訳・通訳・エッセイスト。シュレースヴィヒ＝ホルシュタイン州キール出身のドイツ人。二度の留学を経て日本との「縁」を深め、二〇〇八年より日本在住。通訳・翻訳・ドイツ放送局のプロデューサーにウェブでの情報発信と多方面に活躍。NHK語学番組『テレビでドイツ語』『まいにちドイツ語』などに出演。著書に『ドイツ語エッセイ笑うときにも真面目なんです』（NHK出版）がある。

第九章

VS.パキスタン

カシミールと核開発で結ばれる「鉄桿朋友」

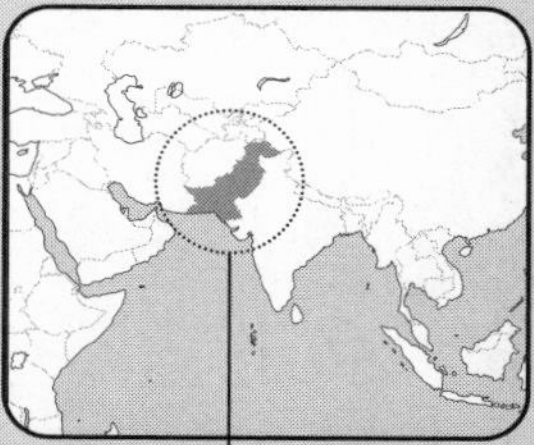

面積：79.6万平方キロメートル（日本の約2倍）
人口：2億777万人（パキスタン統計省国勢調査2017）

関連年表

1963年	中パ国境協定締結
1980年代初頭	中国、パキスタンに対して核兵器の設計図や濃縮ウランを供与
1989年	6月、天安門事件勃発。パキスタンは中国への支持を表明。同年11月に李鵬首相がパキスタンを訪問し、事実上の返礼として原子力発電所の売却を約束
1998年	パキスタン、核実験をおこなう。中国、両国の核実験合戦の責任は全面的にインドにあると主張
2005年	中国とパキスタンが戦略的パートナーシップ協定を締結
2011年	アメリカ、アルカイダの指導者であるオサマ・ビン・ラディンを暗殺。米パ関係は決定的に悪化
2015年	習近平がパキスタンを訪問

ヒマラヤよりも高く、海よりも深く、蜜よりも甘い

　ベトナム、インド、韓国、日本……と、中国は折り合いの悪い隣国が多い。たとえ経済面で良好な関係を築いていても、ひとたび領土問題や中国の面子を潰すような事態が起きれば、中国は外交部のスポークスマンが激烈な表現でその国を非難し、経済制裁を加える。わが国の尖閣問題にともなう反日デモや、二〇一七年に在韓米軍がＴＨＡＡＤミサイルを配備した際に中国国内でなされた強烈な韓国バッシングは記憶に新しいところだろう（第五章で紹介したオーストラリアへの経済制裁も同様だ）。

　だが、半世紀以上も前から、中国と良好な関係を維持し続けている隣国も存在する。それはパキスタンだ。毛沢東時代の一九六〇年代から続く両国の蜜月関係は、ほぼ「同盟国」と呼んでいいほど距離が近く、国際情勢がどう変わろうと不変であるとして「全天候型友好関係」などとも呼ばれている。

　中国の軍事オタクたちの間では「巴鉄《バーティエ》」というニックネームもある。すなわち、「巴基斯《バージースー》坦《タン》」（パキスタン）は「鉄哥兒們《ティエガーアルメン》」（気のおけない兄弟）。もしくは「鉄桿朋友《ティエガンポンヨウ》」（鉄のごとく確固たる友人）であるという意味で、いずれも中国側の強い信頼を示す言葉だ。対してパキス

タン側でも、中国との関係について「ヒマラヤよりも高く、海よりも深く、蜜よりも甘い」といった形容が用いられている。

もっとも、パキスタンは建国からしばらくは親米反共路線を採っていた国であり、しかもイスラム教国だ。本来、中国とは水と油の個性を持っていたにもかかわらず、パキスタンはなぜ「巴鉄」になり得たのか。それを読み解くキーは、インドとアメリカ、さらにソ連といったほかの大国の存在である。

印・中・パの三国志

パキスタンは中華人民共和国の建国からわずか半年後の一九五〇年四月に国家承認をおこなっており、東側諸国を除くと、かなり早期に中国と国交を持った国のひとつである。

もっとも当時、インドがソ連と接近していたことで、これと対抗するパキスタンはアメリカとの関係を重視していた。一九五〇年代にはSEATO（東南アジア条約機構）やCENTO（中央条約機構）といった反共軍事同盟に次々と加入したため、中パ両国はしばらく疎遠な関係が続いた。

だが、こうした状況は一九六〇年前後から急速に改まる。理由は一九五九年のチベット騒乱と、ダライ・ラマ十四世のインド亡命だ。これによって中国とインドの軍事対立と、ヒマラヤでの国境紛争が一気に深刻化する。

こうした場合、敵の敵は味方になる。当時のパキスタン軍事政権のアユーブ・ハーン大統領は中国への接近を決め、一九六二年からはカシミール地方の北部と中国の新疆ウイグル自治区の境界地帯についての国境画定交渉を開始する。結果、中パ国境協定が結ばれ、すでに中国が実効支配して新疆ウイグル自治区の一部に組み込んでいたカラコルム回廊地域が、正式に中国領として認められることになった（ただしインドは現在も同地域の領有を主張している）。

パキスタン側から見れば、もともと自国が実質的には支配できていない土地（しかもヒマラヤの高山地帯で居住者はほぼいない）の領有権を手土産にして、中国との関係を好転させた形だ。これによって、カシミール地方を舞台に領有権の主張がぶつかっていた印・中・パの三国志は、中国とパキスタンが手を握ってインドと対峙する形に変わる。パキスタンが一九六五年の第二次印パ戦争に踏み切ったのも、中国という後ろ盾ができたおかげだった（ただしこの戦争は勝敗がつかず停戦している）。

いっぽう、従来の同盟国だったアメリカは、パキスタンの動きを見て軍事支援を一時停止するのだが、この行動はパキスタンをより中国に近づけることになった。

やがて一九七四年にインドが核実験をおこなうと、パキスタンは対抗して核武装を目指し、同国の「核開発の父」アブドゥル・カディール・カーンを極秘訪中させる。対して中国は一九八〇年代初頭、パキスタンに対して核兵器の設計図や濃縮ウランを供与。パキスタンは中国のおかげで、潜在的核保有国になることができた。

この時期はすでにソ連のアフガニスタン侵攻が発生しており、またアメリカはソ連への対抗を目的に中国と良好な関係を築いていた。中国からパキスタンへの核関連技術の供与は、こうした時代背景からアメリカの強い反発を招かずに済んだことで可能になったと言える（加えて当時のアメリカは、アフガニスタンでソ連に対抗するイスラム義勇兵勢力ムジャヒディンを支援する目的もあり、パキスタンへの軍事支援も再開していた）。パキスタンの核武装は、冷戦下での米中ソの国際関係のめぐり合わせによって、おこなわれることになったとも言えるのだ。

中国への信頼、アメリカへの不信

一九八九年六月に中国で天安門事件が起きると、パキスタンは核技術供与の恩に報《むく》いる意味もあってか、中国の行動をいちはやく支持してみせた。

事件によって中国が国際的に孤立するなか、パキスタンの姿勢が中国に喜ばれたことは言うまでもない。中国ははやくも一九八九年十一月に李鵬《りほう》首相がパキスタンを訪問し、事実上の返礼として原子力発電所の売却を約束。また、冷戦終結後の一九九〇年十月にアメリカがパキスタンへの武器供与を停止すると、中国がパキスタンへの軍事支援を強めることになった。

やがて中パ両国の関係は、一九九八年に大きな区切りを迎える。

同年、インドの核実験に反発したパキスタンが、対抗して同国初の核実験を実行したのだ。実験後、当時のナワーズ・シャリフ首相はわざわざ中国に言及して、こう話している。

「特に中国がこの機会に私たちを支援してくれたことは称賛に値《あたい》する」

「パキスタンと中国の友好関係は、さまざまな試練や苦難を経て、より強く、より意味のあるものであることが証明されてきた。私たちは、偉大な隣人を誇りに思っている」

いっぽう、中国は盟友の核実験に対して、国際社会への配慮ゆえに一応は遺憾《いかん》の意を表明したものの、印パの核実験合戦の責任はすべてインド側にあると主張。結果的に中パ関係の絆はより強まることになった。

他方、アメリカの姿勢は一貫しなかった。

上記の一九九八年の核実験の際は、アメリカは強く反発して両国に経済制裁を科したのだが、その三年後にアメリカ同時多発テロが起こり、「テロとの戦い」が勃発《ぼっぱつ》する。このときパキスタンがアメリカの姿勢を支持し、さらにアメリカから見ても、アフガニスタンのタリバン政権と戦うにあたっては隣国パキスタンの地政学的重要性を無視できなかった。ゆえにアメリカは制裁を解除し、軍事・経済協力を再開した（インドに対する制裁も同じく解除された）。

しかし、パキスタン側にしてみれば、情勢次第で支援と制裁の間を行き来するアメリカの姿勢は不信感を抱かせた。いっぽう、一九六〇年代から一貫してパキスタンの「友人」であり続けている中国の株は上がった。

ビン・ラディン暗殺で急接近

アメリカと中国の狭間《はざま》で揺れたパキスタンは、二〇一〇年代に入ると一気に中国に傾斜していく。もちろん中国が大国化して頼るに足る力を持ったことが大きな理由だが、いっぽうでアメリカがインドに接近し、パキスタンと相互不信を強めていったことも無視できない。

インドは冷戦中こそソ連と近かったが、英語を流暢に操る高度人材の宝庫であり、しかもアメリカにとって便利なオフショア開発拠点になったことで（アメリカ側で終業時間前にインド企業にオーダーをおこなうと、時差の関係から翌朝に完成商品が送信されてくる）、今世紀に入るころから米印両国の経済関係は一気に進展する。両国の接近は政治にも反映され、ゼロ年代後半になると、アメリカはインドの核保有を既成事実として容認。さらにインドの平和的な原子力開発については、支援する姿勢すら見せるようになった。

いっぽう、中国はパキスタンといっそう接近し、二〇〇五年四月には温家宝が訪パして戦略的パートナーシップを締結、原子力や軍事分野の協力をいっそう強化する。『ウィキリークス』で暴露されている情報（06ISLAMABAD9705_a）によると、パキスタンのショーカット・アジーズ首相は温家宝訪問の一カ月後に「強い中国とパキスタンの関係は、アメリカとインドの（接近した）関係に対する自然な反応だ」と述べていたらしく、中国への接近の理由にはアメリカの対印接近に対するあてつけの意味もあったようだ。

ただ、アメリカ側はそのメッセージを充分に汲《く》み取れないまま、パキスタンとの距離を広げていく。

その最たるものが、二〇一一年五月に起きた、アルカイダの指導者オサマ・ビン・ラディンの暗殺事件だ。

もともと、「テロとの戦い」を通じてパキスタン領内で大量の犠牲者が出ていたことで、パキスタン世論の対米嫌悪感は高まっていた。そうしたところに、アメリカがパキスタン政府への事前通告をおこなわずに、首都イスラマバードの近郊に潜伏していたビン・ラディンを殺害したことは、自国の主権侵害であるとして、パキスタン側の対米感情を著しく悪化させた。

いっぽう、ビン・ラディンはパキスタン領内で長期間にわたり生活していたと見られたため、国際社会からは政府や軍とテロ勢力の関係が疑われ、パキスタンの国際的な孤立は進んだ。

結果、ここでも中国が手を差し伸べることになる。中国は事件に対するパキスタンの怒りに理解を示す声明を発表し、助け舟を出したのである。

習近平訪問で巨大援助計画

習近平体制下で、パキスタンは従来に増して優遇を受けることになる。

たとえば二〇一五年四月の習近平のパキスタン訪問だ。

これまで中国の最高指導者がパキスタンを訪問する際には、必ずインドとセットで訪れることで印パ両国の面子を立ててきたのだが、このとき習近平はパキスタンのみを訪問。イランなど他の周辺国に立ち寄ることもなく、多忙な中国の国家指導者がパキスタンのためだけに二日の日程を空けた形である。訪問時は夫人の彭麗媛が、パキスタン国旗をイメージさせる緑と白の装いを見せ、友好のメッセージを強くアピールした。

このとき、習近平は翌月にインドのモディ首相を西安に招待する予定があり、前例を破ったように見えるパキスタン訪問は、長い目で見ればモディ訪中とのバランスが取れていた面もある。ただ、中国は訪パの際に多数の戦闘機の供与を約束したほか、さらに大きな果実を与えようと試みている。

すなわち、中国が総額四六〇億ドル（その後、六二〇億ドルまで話が膨《ふく》らんだ）を投じて、自国の新疆ウイグル自治区からパキスタンのアラビア海沿岸のグワダル港に至る道路・鉄道網を整備し、一九七八年に竣工した両国間の基幹道路であるカラコルム・ハイウェイを拡張、さらにパキスタン全土で電力事業や経済特区の整備をおこなうという「中国・パキスタン経済回廊」（CPEC）構想をぶち上げたのだ。

これは習政権の外交政策「一帯一路」の旗艦《きかん》事業に位置付けられた。まずは友好国のパキスタンに発展の恩恵を与えることで、他国に中国の魅力をアピールする意味が込められていたのだろう。

債務の罠とコロナの恩

ただ、CPEC構想は蓋を開けてみるとさまざまな問題に直面し、二〇一八年ごろから失速している。財務体質が弱いパキスタンはCPECから生まれる膨大な債務に対処できず、中国に金利の引き下げや返済期限の繰り延べを要請。CPECは一帯一路の旗艦事業だけに、「債務の罠」という中国の対外援助に付き物の問題点もいちはやく顕在化したのだった。加えて二〇二〇年には新型コロナウイルスのパンデミックが発生し、CPECの進展は従来以上に足踏み状態に陥ったかに見えた。

――もっとも、コロナ禍は中パ両国の関係に雨降って地固まる効果ももたらしている。

コロナ禍は二〇二〇年一月二十日に中国政府がその深刻性を認めた後、しばらくは中国の国内問題として推移した。やがて三月十日、徹底した感染対策をおこなってきた習近平は、ウイルスの発生地である湖北省武漢市に足を踏み入れ、事実上の安全宣言をおこなう。だが、新型感染症のパンデミックを引き起こした中国の国際的信頼は大きく傷ついた。

そうした状況のなかで、助け舟を出したのが盟友・パキスタンだ。まだ「中国＝コロナ流

2020年3月、北京を訪問したアルヴィ大統領
写真提供：Avalon/時事通信フォト

行地」という認識が世界的に強かった三月十七日の時点で、アルヴィ大統領がいちはやく北京を訪問して習近平と会談し、マスク無しで握手をおこなう写真を公開したのである。

アルヴィは中国共産党と中国政府がコロナ対応で見せた「卓越した指導力と強大な動員力」を称賛し、中国の取り組みが世界に向けてコロナ対策のモデルを示したと主張してみせた。このアルヴィの訪中がカンフル剤になったのか、CPECについても再度テコ入れがおこなわれ、グワダル国際空港の建設のほか大規模な新規プロジェクトが次々とスタートするようになった。

二〇二〇年夏からは中国とインドの国境

紛争がここ半世紀では最大規模にまで激化し、インド側だけでも数十人の犠牲者が出ている。こうした中国の動きも、ＣＰＥＣの停滞でやや隙間風が吹きかけていたパキスタンとの関係が、コロナ禍を機に再度引き締められたことが関係しているのだろう。

コロナ禍と米中対立のなかで、中国の外交姿勢はヒステリックな攻撃性を前面に出す「戦《ヂャン》狼《ラン》外交」の色を強めている。世界の各国に喧嘩を売る中国にとって、天安門事件やコロナ禍が起きても必ず後を付いてきてくれる「全天候型友好関係」の隣国・パキスタンの存在は貴重だ。インドとの対立が深まるなか、中国にとってパキスタンの存在感は決して小さくない。

第十章

VS.スリナム

客家と秘密結社と華人大統領

面積：16万3820平方キロメートル（日本の約2分の1）
人口：58.1万人（2019年　世銀）

関連年表

1667年	第二次英蘭戦争後のブレダ条約を通じて、現在のスリナムの原型となる蘭領ギアナが形成される
19世紀半ば	広東省出身の苦力《クーリー》たちがスリナムに渡航
1867年	金鉱が発見され、大量の中国人鉱山労働者が殺到
1975年	スリナム共和国としてオランダより独立
1980年	大統領（首相兼任）に客家《はっか》人の父とクレオールの母を持つヘンドリック・陳亜先が就任
2014年	中国企業２社が拳銃強盗に襲われ、中国人従業員一人が負傷
2017年	スリナム奥地の山岳部に展開していた華人系スーパーが放火・略奪され、福建省仙游県出身の経営者父子が焼死体で発見される

春節（旧正月）が休日になる国

南米の小国スリナムは、大部分の日本人にとって疎遠な国だろう。

この国は南米大陸北部のガイアナとフランス領ギアナに挟まれた通称「ギアナ三国」の一角をなしており、面積は四国よりもやや小さい約一六・三万平方キロメートル。人口は五八・一万人で、一人あたりＧＤＰは五九〇〇ドル（それぞれ二〇一九年、一七年）だ。

国土の九割は森林であり、人口の多くは大西洋岸に集中している。本書の六章で登場するセントビンセント及びグレナディーン諸島などとともに、カリブ海域の小国たちの国家連合・カリブ共同体（ＣＡＲＩＣＯＭ）に加盟している。

スリナムは面積・人口ともに南米大陸最小の国家だが、辞書的な情報だけを見るなら、あまり「キャラ立ち」していない国である。モナコやツバルのように小さすぎること自体が話題になるほどのミニ国家でもなく、キューバやグレナダのように世界史的な事件の舞台になったこともない。やや珍しい点を挙げるなら、一九七五年の独立まではオランダの植民地だった関係でオランダ語を公用語にしており、現在もオランダとの関係が非常に深いことくらいだろうか。

日本との関係は薄く、二〇一八年のスリナムの対日輸出額はたった七・四億円で、対日輸入額も自動車など七四・六億円規模にとどまる。日本はＯＤＡの供与国としてやや存在感がある程度だ。二〇一九年時点で在日スリナム人はわずか八人である。日本との国交はあるが、スリナム国内に日本大使館は存在せず、隣国の駐トリニダード・トバゴ大使館がスリナムでの業務も管轄している。

もっとも、実は二〇一九年ごろから、日本国内での知名度はすこしだけ向上した。ただしスリナムにとっては不名誉な理由ゆえだ。

それは、怪しげな「ワン切り」の国際電話の発信国であることだ。これは自分のスマホに突然、スリナムの国番号（＋五九七）からの着信履歴が残される現象である。

この番号に掛け返すと有料ダイヤルに接続されて多額の費用が請求される、振り込め詐欺《さぎ》グループが海外サーバのＩＰ電話番号を使って電話を掛けている、といった噂もあるが真相は不明だ。なんとも不気味な現象だが、ツイッターで「スリナム　電話」で検索すると、二〇二〇年末ごろでも着信があったという投稿が見つかる。

一般的な日本人にとって、地球の裏側にあるスリナムとの縁は、せいぜいその程度なのである。

では、スリナムと中国との関係はどうか。カリブの小国は台湾と関係が深い国家も多いが、スリナムは一九七五年の独立から一貫して中華人民共和国を承認しており、近隣国よりも中国に好意的な立場である。二〇一九年十一月には訪中したデシ・ボーターセ大統領と習近平が会談し、両国の戦略的パートナーシップ構築を宣言した。

スリナムは香港の国家安全維持法に賛成意見を表明し、中国の立場を支持している。また、一帯一路戦略のもとで中国から多額の経済援助や低金利融資を受けている――。と書くと、すでに本書ではお馴染《なじ》みの、中国になびく世界各地の小国のステレオタイプそのままの国家のようにも見える。

だが、実はスリナムにおける中国の存在感の理由は、近年の国際関係だけで説明できるものではない。統計にもよるが、実はスリナムは、人口の一〇%前後が華人系住民で占められている国でもある。

二〇一四年にはなんと、中華圏の祭日である旧暦一月一日(春節)を国家規模の休日に指定した。歴史的にも政治的にも、「中国」はスリナムという国の根底を構成する重要な要素のひとつとなっている。

金鉱が発見され、中国人鉱山労働者が殺到

現在のスリナムの原型は、第二次英蘭戦争が終結した一六六七年のブレダ条約を通じて形成された。このとき、オランダは北米に建設していた植民地ニューネーデルラント（後のニューヨーク一帯）をイギリスに譲渡するかわりに、南米のギアナ地方を領有した（蘭領ギアナ）。

当初は多数の黒人奴隷を用いたプランテーション経済が発展したスリナムだったが、一八六三年に奴隷制が廃止されると、オランダ政府は代替労働力として中国（香港・広東省）や英領インド、蘭領東インド（インドネシア）などから契約労働者を受け入れる。

結果、広東省出身者を中心とする華人労働者（苦力《クーリー》）たちが、十九世紀なかばからスリナムへと渡りはじめた。彼らはマカオや香港から直接やってくるパターンと、オランダ植民地のジャワから再移入するパターンがあり、一八七〇年代までに七〇〇〇人ほどの華人たちが渡航している。

もっとも、黒人奴隷の代替であるだけに、苦力たちは本国で誘拐《ゆうかい》や人身売買すれすれの手段で集められてきた人々だった。プランテーションにおける労働条件も劣悪で、給料の不払

いや雇用主からの虐待などのトラブルが頻発したが、彼らはときに同胞同士で集団抗議を起こして戦い、粘り強く働く。こうした苦力たちの一部は、労働契約期間を終えてもそのまま南米に残り、農家や食品小売業者、レストラン経営者などに転身していった。

やがて、一八六七年にスリナムで金鉱が発見されると、近隣国の英領ギアナ（現在のガイアナ）やトリニダード・トバゴ、キューバ、アメリカ、さらには香港やジャワから大量の中国人鉱山労働者が殺到するゴールド・ラッシュが起こった。結果、カナダ（第八章参照）など他の地域の華人コミュニティと同じく、経済的に成功したスリナム華人たちは故郷から妻を迎えたり一族を呼び寄せたりして、定住化していった。

中国大陸が経済開放する前の一九七〇年代の時点で、スリナムの華人は七〇〇〇〜八〇〇〇人程度に達していた。なお、一九七五年の同国の国民総人口は約三六万人である。

※こうした過去の経緯のため、スリナムは現在でも華人系のほか、アフリカ系のクレオールやマルーン、インド系、インドネシア（ジャワ）系、先住民族のインディオなどさまざまなバックグラウンドの住民によって構成される多文化社会になっている。しかもいずれの民族の割合も人口の過半数以下だ。

華人大統領まで誕生

二十世紀中盤以前にスリナムに定住した華人には客家《はっか》が多かった。客家とは、もともと中国南部の広東省や福建省の山岳地帯に暮らしていた、独自の言語や文化を持つ漢民族の方言集団だ。故郷の山岳地帯は資源が乏しく、また平野部では他の漢民族の方言集団（広東人など）が条件の良い土地を占有しているケースがしばしばあったことから、客家は肉体労働の出稼ぎを選ぶ例が多かった。ゆえに苦力として南米に送り込まれる人たちもいた。

もっとも、客家には「東洋のユダヤ人」の俗称もある。もとが比較的貧しい移住民だったためかえって上昇志向が強く、他の中国人以上に子弟の教育に熱心で商売も上手いほか、政治的な野心も強いとされる。

ゆえにスリナムでは、客家系の華人から強大な財力や権力を握るファミリーがいくつか登場した。たとえば、食品・教育・スポーツ・航空・メディア・不動産・政治など多様な分野に影響を及ぼす巨大財閥チン・アー・ジー（Tjin-A-Djie）家や、周友仁・周英鵬兄弟が経営するプラスチックメーカーの周氏公司などがそうだ。近年になって中国大陸からの移民が急増するまでは、スリナムの華人社会の共通言語は、中国大陸の標準語（いわゆる北京語）ではなく客家語だった。

また、さまざまな民族が入り交じっているスリナムでは、教育水準が高く財力がある華人（特に客家）が、国家の高位のポストに就く例も目立った。

たとえば一九七五年の独立当時の首相であるヘンク・アロン（阿龍）には華人の血が入っていた。さらに一九八〇年には国家元首である大統領（首相兼任）に、客家人の父とクレオールの母を持つヘンドリック・陳亜先が就任している。

この陳亜先政権下ではさらに、名士として知られていた客家人エリートの張振猷運華（祖先の名を取って「張振猷」が姓）と兄の運発が、それぞれ衛生大臣と司法大臣に、さらにおそらく客家系とみられる房普恩が経済大臣に就き、華人政権どころかほとんど「客家政権」と呼んでもいいような顔ぶれだった。

やがて陳亜先政権は二年間で倒れるが、クーデターを起こした軍人のデシ・ボーターセ（のち大統領）も、中国系の血が入っていた。その後もスリナムでは張吉興、李火秀、マイク・楊進華、ホセ・アントニオ・陳といった漢字名を持つ人物が入閣しており、他に華人系の国民大会（国会）議員が何人もいる。

そもそも南米は、ペルーで日系人のアルベルト・フジモリが大統領に選ばれるなど、アジア系移民の政治進出が目立つ土地柄である。だが、スリナムにおける華人系住民の政治参加は、この地域のなかでもかなり際立っている。

小売の九割が華人系資本に

とはいえ、二十世紀末までのスリナムの華人は総人口の数％程度にとどまっていた。これが一気に増加したのは、中国本土からの海外渡航が容易になった一九八〇年代以降のことだ。労働力不足で経済も低調なスリナムは、移民の受け入れや外国人の商業活動にも寛大だった。

二十世紀末に中国大陸から来た中国人（以下、「新移民」）には密航者も多かった。当時のスリナムはクーデターが繰り返されるなど政治的に不安定で、密航者が入り込みやすかったのだ。

当初の新移民たちの目的は、入国が容易なスリナムから南米に上陸し、やがてチャンスをみてアメリカやブラジルに渡ることだった。だが、そんな魂胆《こんたん》はアメリカやブラジルの側もお見通しであり、国境検問が大幅に強化される。

結果、中国人密航者たちはスリナムで立ち往生し、やがて不法滞在状態のままで商店やレストランを経営して生き延びていくことになる。スリナムにおける華人系住民の人口が、統計方法によっては一〇％を上回るようになったのも、二十世紀末以降にこうした新移民が急増したことが大きく関係している。

結果、スリナム経済における華人の影響力は従来に増して拡大した。もともと、はやくも一九四〇年代にはスリナムの食品雑貨店の七五％（首都パラマリボに限れば八四％）、一九七〇年のデータでは生活用品店の七〇％（首都は七五％）が華人系資本だったと言われていた。だが、新移民が市場に参入したことで、いまや小売業の九割が華人系資本という極端な状況が生まれている。特に大型スーパーマーケット事業は、華人マネーの独壇場だ。

二〇一八年五月二十二日に台湾の『聯合新聞網』が報じたところでは、いまやパラマリボだけで華人系商店は一〇〇〇軒近くに及ぶという。パラマリボの人口はわずか二四万人で、日本の松本市や八戸市とほぼ同規模だと考えれば、華人商店の存在感は驚くべきものと見ていいだろう。

しかし、華人の経済支配と、二十世紀末からの新移民の急増は、現地の他の民族集団の反発を招いていく。

〝当世、「カリブ海共同単一市場」(Caricom Single Market and Economy) の略称であるCSMEという言葉は、いまや多くの人が「中国スーパーマーケット経済」(Chinese Super Market Economy) の意味だと思っている〟

(陳岱嶺「他郷蘇利南（上）：一個被華人「佔領」的南美国家?」『聯合新聞網』 二〇一八年五月二十二日 https://global.udn.com/global_vision/story/8664/3118980)

二〇〇五年三月、現地のオランダ語新聞にはそんな皮肉が掲載された。新聞の第一面には「どうやって中国人のスリナム侵略に対抗するか」という刺激的な見出しが掲載され、中国人不法移民の追い出しを主張。さらに元密航者たちがスリナムのあちこちで店舗やレストランを開く現象や、華人資本による小売業の支配を激しく非難する内容だったという。

さらに『聯合新聞網』によると、近年の中国はスリナムの主要産業である農業やボーキサイト採掘事業に多額の投資をおこなって中国人労働者を送り込んでいる。

だが、これがスリナムの現地労働者の職を奪う形になり不満を広げた。「中国人に国が乗っ取られる」「スリナム政府は中国と結託している」といったデマも広がった。

結果、二〇〇五年ごろから華人系住民をターゲットにした強盗や暗殺が多発する。なかでも二〇一四年六月に現地の中国企業二社が拳銃強盗に襲われて中国人従業員一人が負傷した事件は、中国本土の企業が対象だっただけに中国国内でも比較的大きく報じられた。

また、二〇一七年四月にスリナム奥地の山岳部に展開していた華人系スーパーが放火・略奪され、福建省仙游県出身の経営者父子が焼死体で見つかった事件も衝撃が大きかった。こうした強盗行為は、移住時期が新しくスリナム社会との摩擦が大きい新移民が狙われることが多いのだが、襲撃側のスリナム人たちは新旧の移民の区別はつかない。ゆえに昔から現地に住んでいる華人を襲ってしまう例も少なくないという。

秘密結社がルーツ？「広義堂」と中国共産党

スリナムが親中国的な外交姿勢の国であることはすでに書いた。逆に中国から見たスリナムも、アメリカ合衆国の裏庭に位置する華人系住民の多い親中国家という、地政学的に見て非常に貴重なポジションにある国である。

そうしたスリナムの華人社会を束ねるのは、一八八〇年に結成された「広義堂」という客家系の組織だ。これは仁《レン》・義《イー》・俠《シャア》の精神を重視して関帝《かんてい》（三国志の関羽が神格化された道教神）を崇拝する、前近代的な華人の組織で、おそらくもともとは「洪門《ホンメン》」などの秘密結社（会《かい》党《とう》）に近い存在だったと推測される。北米・南米の同様の組織の事業から推測する限り、もとは賭博や売春・アヘン売買の仕切り、異国で亡くなった同胞の遺体の送還、手紙の取り次ぎといった役割を担う華人移民の相互扶助組織だったのだろう。

スリナムには他にも中華会館など複数の華人団体が存在するが、十九世紀以来の歴史を持つ広義堂が最も影響力を持っており、中国語テレビ局や中国人子弟向けの学校、老人ホームなどの運営を幅広く手掛けている。広義堂が執り行なう華人コミュニティの大規模な式典には、スリナムの大統領が出席するほどだ。

カナダの洪門民治党をはじめ、近年は洪門や青幇《チンバン》など秘密結社にルーツを持つ在外華人組織が、中国共産党の統一戦線工作に応じて中国政府の方針を翼賛する事例が数多く見られる（詳しくは拙著『現代中国の秘密結社』を参照されたい）。これはスリナムの広義堂も例外ではない。

諸報道を見ると、一九七六年の国交樹立以来、中国政府の代表団や民間団体、体育団体などがスリナムを訪問するたびに広義堂が接待を担当している。対して広義堂の側もたびたび訪中し、華僑向けの統一戦線工作を担当する中国致公党《ちこうとう》（中国共産党の衛星政党）から接待を受けている。

スリナムの広義堂が開局した中国語テレビ局を紹介する中国のネットニュース『網易』（https://3g.163.com/v/video/VOILAJDEC.html）

広義堂は中国大使館との関係も密接かつ良好で、かれらの行事への大使館関係者の出席がしばしば確認されている。また、広義堂が発行する中国語新聞『洵南日報』の姿勢も非常に親中国的だ。尖閣諸島国有化問題をめぐって日中関係が緊張していた二〇一二年九月には、「釣魚島《ディアオユイダオ》（尖閣諸島）は中国のもの。断固として神聖な領土を防衛しよう」と、強烈な対日批判記事を掲載したことさえある。

客家、経済支配、華人大統領、秘密結社……と、南米の小国スリナムと中国の関係は胸焼けがするほど密接だ。日本にとって縁遠い国ではあるものの、実は中国に興味を持っている人にとってはかなりおもしろい国のひとつなのである。

おわりに

――コロナ禍のなかで、中国に行けなくなって大変でしょう？

私は普段、中国ルポライターを名乗ることが多い。そのためか、二〇二〇年以降はしばしばこうした心配をされるようになった。もっとも、この手の懸念は半分しかあたらない。中国取材の困難さについては、コロナ前から「いまさら」の話でもあるからだ。

習近平政権が成立してから、中国の監視社会化と外国人への警戒心は高まり続けている。特に習近平の国家主席任期が撤廃されて「終身独裁」が可能になった二〇一八年ごろからは社会がいっそう引き締まり、フリーランス記者の取材はかなりハードルが高くなった。

もちろん、社会や人々の価値観のリアルタイムの変化を知るためには、それでも中国に行かなくてはならない。中国の恐竜化石などの趣味的な話題やビジネスの話題、元技能実習生のインタビューなど、中国国内でも比較的安全だと思われるテーマを探すことも可能である。ただ、政治的に際どい内容を書きにくいのは確かだ。取材の自由度が低くなるほど、文章にも閉塞感が漂ってしまう。

そこで私がコロナ前から開拓していた方法のひとつが、カンボジアやルワンダ、カナダなどの第三国を通じて中国を見ることだった（『さいはての中国』『もっとさいはての中国』ともに小学館新書）。

全世界の華僑・華人はおよそ五〇〇〇万〜六〇〇〇万人もおり、各国に伝統的なチャイナタウンが存在する。私が学生時代に研究していた福建省や広東省の農村部は、華僑の送り出し元（僑郷）としても知られる地域である。東南アジアや南北アメリカに展開する福建・広東系華僑の伝統的なコミュニティの実態は調べがいがある。

加えて近年の中国は、走出去政策や一帯一路政策を通じて海外進出に積極的だ。中国は世界の一六七カ国と国交を持っており、特に第三世界の各国に対する関係構築の熱心さは日本の比ではない。

現代の世界で、中国人の姿をまったく見ない国はほとんど存在しない。中国の国際的なプレゼンスの向上を肌で感じたり、統一戦線工作の実例を調べたりするときは、本国よりも第三国にいるからこそわかることも多い。

世界の国家の数だけ、異なる中国の顔が存在する。それらを知ることで、中国という巨大な対象の実態に迫っていくアプローチはかなり有効だ。しかも中国国内とは違い、第三国であればたとえ政治的な問題をかぎまわっていても後ろめたさを感じにくいため、自分の精神の健康にもいい。

もっとも、コロナ禍で困ったのは、中国どころか第三国にすら行けなくなったことだ。本書のもとになった『Ｖｏｉｃｅ』誌上での連載は、ちょうど日本でコロナ禍が本格化した二〇二〇年三月からはじまった。登場した一二カ国のうち、私が過去に行ったことがあるのはイスラエルとカナダだけで、残る各国はいずれも未訪問である。

各国について調べる作業は非常に楽しかったが、あれこれと情報を得ていくうちに、現地に行きたくてたまらない思いが湧いてくる。結果、自分のなかにあふれるフラストレーションを原稿にぶつけるような連載となった。

それをまとめた本書は、来たるべきコロナ後の世界における、私の未来の仕事の事前準備ノートのような性質も持っているように思う。

＊　＊

本書が出来あがるまでには多くの人のお世話になった。特に連載中に多大なるお手伝いと叱咤激励をいただいた、ＰＨＰ研究所『Ｖｏｉｃｅ』編集長の水島隆介氏、書籍化にあたって原稿に大幅に手を入れる癖がある私に根気強くお付き合いをいただいた同社ＰＨＰ新書課の西村健氏には心よりお礼を申し上げる。

また、セントビンセント及びグレナディーン諸島など一部の国についての話題は、わが子が社会科の宿題で取り組んでいた「世界の国しらべ」を手伝う過程でアイディアを得た。家族にも心より感謝を述べたい。

コロナ禍の一日も早い終熄を願いつつ、ここに擱筆する。

二〇二一年四月吉日　千駄木の仕事場にて

06ISLAMABAD9705_a "PAK-SINO RELATIONS: "HIGHER THAN THE HIMALAYAS, DEEPER THAN THE SEA"" WikiLeaks, 25 may. 2006 https://wikileaks.org/plusd/cables/06ISLAMABAD9705_a.html

第十章　vs.スリナム

山本須美子「オランダにおける中国系第二世代の 社会統合 —ライフヒストリーの分析から」『移民政策研究』第７号、2015年
徐暁東「晩清蘇里南彌約華工招臨與民研究」『華人研究国際学報』第12巻第1号、2020年
李安山「拉丁美洲華僑華人的生存、適応與融合」『華僑華人研究報告』華僑華人藍皮書、2014年
陳岱嶺「他郷蘇利南（上）：一個被華人「佔領」的南美國家？」『聯合新聞網』2018年5月22日　https://global.udn.com/global_vision/story/8664/3118980
陳岱嶺「他郷蘇利南（下）：海外中國人？當華人又變回了「華僑」」『聯合新聞網』2018年5月22日　https://global.udn.com/global_vision/story/8664/3118981

参考文献は229ページから始まります。

https://www.murc.jp/wp-content/uploads/2019/11/report_191121.pdf
柴 宜弘　著、編集『バルカンを知るための66章【第2版】（エリア・スタディーズ48）』明石書店、2016年
坂口賀朗、間山克彦「中露の国防政策に与えたコソボ戦争の影響」『防衛研究所紀要』第4巻第1号、2001年
日本貿易振興機構（ジェトロ）海外調査部 欧州ロシア CIS 課「欧州における中国の『一帯一路』構想と同国の投資・プロジェクトの実像」『JETRO』2018年　https://www.jetro.go.jp/world/reports/2018/01/f509d9060998eaad.html
日本貿易振興機構（ジェトロ）海外調査部 欧州ロシア CIS 課「欧州における『一帯一路』構想と中国の投資・プロジェクトの実像（その2）」『JETRO』、2019年　https://www.jetro.go.jp/ext_images/_Reports/01/3d43208c56a62c1a/20180056.pdf

第八章　vs.カナダ

王維「バンクーバーにおける華人コミュニティ及びチャイナタウンの行事」『香川大学経済論叢』第84巻第1号、2011年
萬曉宏「2019 年加拿大聯邦大選與華人参政」『華僑華人歴史研究』2020年第4期
黎全恩『洪門及加拿大洪門史論』商務印書館（香港）、2015年
＜Column3　vs.ドイツ＞
竹中亨『ヴィルヘルム２世　ドイツ帝国と命運を共にした「国民皇帝」』中公新書　2018年
Chris Buckley, "'Clean Up This Mess': The Chinese Thinkers Behind Xi's Hard Line" The New York Times, 2 Aug. 2020
https://www.nytimes.com/2020/08/02/world/asia/china-hong-kong-national-security-law.html

第九章　vs.パキスタン

井上あえか「パキスタンからみる対中国関係」『現代インド研究』No.3、2013年
堀本武功「インドの戦争―印パ戦争と印中国境紛争―」『戦争史研究国際フォーラム報告書』、2015年　http://www.nids.mod.go.jp/event/proceedings/forum/pdf/2015/07.pdf

ーズ68)』明石書店、2007年

第五章　vs.オーストラリア

クライブ・ハミルトン（著）、山岡鉄秀（監訳）、奥山真司（訳）『目に見えぬ侵略　中国のオーストラリア支配計画』飛鳥新社、2020年
James Laurenceson, Michael Zhou "COVID-19 and the Australia-China relationship's zombie economic idea" Australia-China Relations Institute University of Technology Sydney, May 2020 https://www.australiachinarelations.org/sites/default/files/20200507%20Australia-China%20Relations%20Institute%20report_COVID-19%20and%20the%20Australia-China%20relationship%E2%80%99s%20zombie%20economic%20idea_James%20Laurenceson%20Michael%20Zhou.pdf

第六章　vs.セントビンセントおよびグレナディーン諸島

田中義晧『世界の小国――ミニ国家の生き残り戦略』講談社選書メチエ、2007年
石原忠浩「台湾総統選挙：郭台銘氏出馬せず、民進党、国民党の二強対決へ」『交流』No.943、2019年
"Friday's Taiwan scholarship pledge suggests pivot away from China https://www.iwnsvg.com/2020/10/24/fridays-taiwan-scholarship-pledge-suggests-pivot-away-from-china/" iWitness News, 24 Oct. 2020, https://www.iwnsvg.com/2020/10/24/fridays-taiwan-scholarship-pledge-suggests-pivot-away-from-china/

第七章　vs.セルビア

Sofija Popović "Steel friendship" between Serbia and China criticised by European commentators" European Western Balkans, 30 Mar. 2020, https://europeanwesternbalkans.com/2020/03/30/steel-friendship-between-serbia-and-china-criticised-by-european-commentators/
土田陽介「西バルカンの開発支援にシフトした中国の一帯一路戦略 ～問われる EU の拡大戦略のあり方」三菱UFJリサーチ＆コンサルティング、2019年

島田周平『物語ナイジェリアの歴史「アフリカの巨人」の実像』中公新書、2019年
川島真『中国のフロンティア 揺れ動く境界から考える』岩波新書、2017年

第三章 vs.カザフスタン

胡振華（訳注：犬塚優司）「「東干」「東干語」「東干人のバイリンガル」と「東干学」について」島根県立大学総合政策学会『総合政策論叢』第10号、2005年
胡振華（訳注：犬塚優司）「中央アジアのドゥンガン民族と中国の回回民族 」島根県立大学総合政策学会『総合政策論叢』第28号、2014年
岡奈津子「中国・新疆ウイグル自治区のカザフ人――不法入国とカザフスタン政府のジレンマ」アジア経済研究所『IDEスクエア』、2020年 http://hdl.handle.net/2344/00051713
熊倉潤「中国の影響力拡大とそれに対する反発――中国カザフスタン関係から」アジア経済研究所『IDEスクエア』、2018年 http://hdl.handle.net/2344/00050606
宇山智彦、藤本透子編著『カザフスタンを知るための60章（エリア・スタディーズ134）』明石書店、2015年
服部倫卓「一帯一路の沿線国としてのロシア・ユーラシア諸国の経済的利害 ―鉄道部門を中心に―」『ロシア・東欧研究』第48号、2019年

第四章 vs.エチオピア

China Africa Research Initiative, http://www.sais-cari.org/
徳織智美「アビィ首相が描く「新エチオピア」：国民の融和と持続的経済発展の行方 」
https://www.mitsui.com/mgssi/ja/report/detail/__icsFiles/afieldfile/2020/05/22/1912e_tokuori.pdf
荒牧英城「中国のプレゼンスが際立つエチオピアの大規模インフラ事業」
http://www.idi.or.jp/wp/wp-content/uploads/2018/05/202001_876.pdf
岡倉登志編著『エチオピアを知るための50章（エリア・スタディ

参考文献

※ニュース記事については非常に煩雑になるので、主要なもののみ掲載した。

第一章　vs.イスラエル

小岸昭『中国・開封のユダヤ人』人文書院 、2007年
久保田和男「開封の歴史と猶太人（ユダヤ人)」『長野工業高等専門学校紀要』50巻、2016年
塩崎幸雄「開封ユダヤ人攷」『駒沢大学仏教学部研究紀要』62号、2004年
徐新「中国のユダヤ教をたどる」『一神教学際研究』8巻、2013年
米山伸郎『知立国家 イスラエル』文春新書、2017年
池内恵「イスラエル・中国関係の発展と対米関係の緊張」『中東レビュー』7巻、2020年
桑原隲蔵『考史遊記』岩波文庫、2001年
徐珂『清稗類鈔』
劉百陸「開封猶太人清真寺規模與格局変遷」『河南大学学報：社会科学版』2013年3期
張倩紅「歴史上的開封一賜楽業教清真寺」『二十一世紀評論』49期、1998年
唐培吉ほか『従開封猶太文化到上海猶太文化』上海大学出版社、2019年

第二章　vs.ナイジェリア

“China: Covid-19 Discrimination Against Africans,” Human Rights Watch, May 5, 2020
Jenni Marsh, Shawn Deng and Nectar Gan “Africans in Guangzhou are on edge, after many are left homeless amid rising xenophobia as China fights a second wave of coronavirus” CNN, April 13, 2020
「ナイジェリア　2020年6月4日（翻訳の反映12月7日)」『難民研究フォーラム』
https://www.refugeestudies.jp/wp/wpcontent/uploads/2020/12/COI_NGA_200604translation201207.pdf

本書は、月刊『Ｖｏｉｃｅ』２０２０年４月号〜２０２１年３月号掲載分に、大幅な加筆修正を行って刊行致しました。

PHP新書
PHP INTERFACE
https://www.php.co.jp/

安田峰俊［やすだ・みねとし］

1982年滋賀県生まれ。ルポライター。立命館大学人文科学研究所客員協力研究員。広島大学大学院文学研究科博士前期課程修了（中国近現代史）。『八九六四　「天安門事件」は再び起きるか』（KADOKAWA）で城山三郎賞、大宅壮一ノンフィクション賞を受賞。
著書に『さいはての中国』（小学館新書）、『現代中国の秘密結社』（中公新書ラクレ）、『「低度」外国人材　移民焼き畑国家、日本』（KADOKAWA）など。

中国vs.世界
呑《の》まれる国、抗《あらが》う国
（PHP新書　1260）

二〇二一年五月二十七日　第一版第一刷

著者――安田峰俊
発行者――後藤淳一
発行所――株式会社PHP研究所
東京本部――〒135-8137　江東区豊洲5-6-52
第一制作部　☎03-3520-9615（編集）
普及部　☎03-3520-9630（販売）
京都本部――〒601-8411　京都市南区西九条北ノ内町11
組版――アイムデザイン株式会社
装幀者――芦澤泰偉＋児崎雅淑
印刷所
製本所――図書印刷株式会社

ISBN978-4-569-84947-8

ＰＨＰ新書刊行にあたって

「繁栄を通じて平和と幸福を」（PEACE and HAPPINESS through PROSPERITY）の願いのもと、ＰＨＰ研究所が創設されて今年で五十周年を迎えます。その歩みは、日本人が先の戦争を乗り越え、並々ならぬ努力を続けて、今日の繁栄を築き上げてきた軌跡に重なります。

しかし、平和で豊かな生活を手にした現在、多くの日本人は、自分が何のために生きているのか、どのように生きていきたいのかを、見失いつつあるように思われます。そして、その間にも、日本国内や世界のみならず地球規模での大きな変化が日々生起し、解決すべき問題となって私たちのもとに押し寄せてきます。

このような時代に人生の確かな価値を見出し、生きる喜びに満ちあふれた社会を実現するために、いま何が求められているのでしょうか。それは、先達が培ってきた知恵を紡ぎ直すこと、その上で自分たち一人一人がおかれた現実と進むべき未来について丹念に考えていくこと以外にはありません。

その営みは、単なる知識に終わらない深い思索へ、そしてよく生きるための哲学への旅でもあります。弊所が創設五十周年を迎えましたのを機に、ＰＨＰ新書を創刊し、この新たな旅を読者と共に歩んでいきたいと思っています。多くの読者の共感と支援を心よりお願いいたします。

一九九六年十月

ＰＨＰ研究所